IFCT0081

PROGRAMACIÓN BÁSICA DE PÁGINAS WEB CON JAVASCRIPT Y PHP

IFCT0081

PROGRAMACIÓN BÁSICA DE PÁGINAS WEB CON JAVASCRIPT Y PHP

Mercedes Escarcena

La ley prohíbe
fotocopiar este libro

IFCT0081 - PROGRAMACIÓN BÁSICA DE PÁGINAS WEB CON JAVASCRIPT Y PHP
© Mercedes Escarcena
© De la edición: Ra-Ma 2024

Editado por:
RA-MA Editorial
Calle Jarama, 3A, Polígono Industrial Igarsa
28860 PARACUELLOS DE JARAMA, Madrid
Teléfono: 91 658 42 80
Fax: 91 662 81 39
Correo electrónico: *editorial@ra-ma.com*
Internet: *www.ra-ma.es* y *www.ra-ma.com*
ISBN: 978-84-1036-055-6
Depósito legal: M-19893-2024
Maquetación: Antonio García Tomé
Diseño de portada: Antonio García Tomé
Filmación e impresión: Safekat
Impreso en España en septiembre de 2024

A Lucía, Sebas y mi madre, mis tres pilares.

A mi familia y amigos
que me empujaron a llegar aquí

Y sobre todo a tí, papá

ÍNDICE

INTRODUCCIÓN

Cuando hablamos de web, es obligatorio dividirlo en dos partes bien diferenciadas: Cliente y servidor. El cliente es quien solicita el servicio y el servidor se encarga de satisfacer estas demandas.

Y ya si nos centramos en sitios web y su programación, el área de cliente es la que se desarrolla en el navegador, es decir, contendría la estructura de la página web desarrollada mediante un lenguaje llamado **HTML (HyperText Markup Language)**, a la que debemos darle un diseño mediante hojas de estilo o **CSS (Cascading Style Sheets)**. Con estas dos herramientas se crearía una página estática, propia de otros tiempos. Si queremos añadirle interactividad y dinamismo necesitaremos el lenguaje de programación por excelencia que es **Javascript**.

En el área de servidor contaremos con los servicios que vayan a ser requeridos por los clientes con sus peticiones. Habitualmente, como mínimo, se tendrá una base de datos y un programa con el que el usuario pueda acceder y tratar la información guardada. Para crear y manipular los datos utilizaremos **SQL (Structured Query Language)** y el lenguaje de programación con el que se establecerá la conexión con el usuario será **PHP (Hypertext Preprocessor).**

Si conseguimos unir todas estas características y potenciarlas seremos capaces de desarrollar una web que responda a todas las expectativas de los usuarios.

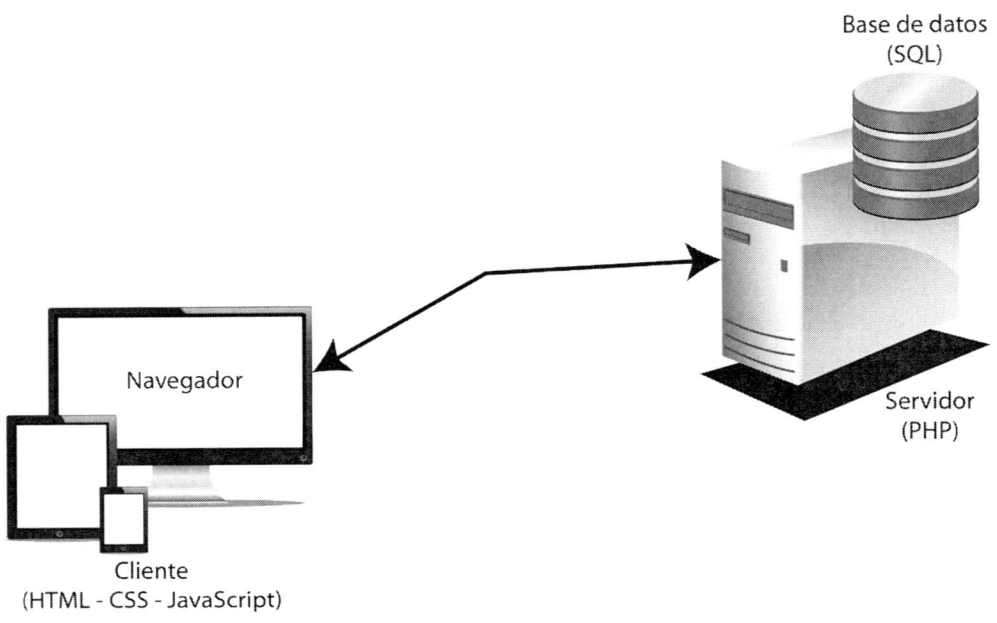

Cliente/Servidor

Un claro ejemplo de esta interacción entre cliente y servidor lo podemos encontrar en cualquier página de comercio electrónico. Entramos a ella mediante un navegador, elegimos el artículo que queremos comprar buscando en una base de datos que se encuentra en servidor. Este servidor mediante un programa nos responderá, por ejemplo, si está disponible o no, y la posibilidad de comprarlo disminuyendo así de su stock.

A lo largo de este libro desarrollaremos un proyecto de creación de una página web de e-commerce en el que incluiremos todas las opciones para entender la complejidad y la interrelación entre ellos.

1

PROGRAMACIÓN CLIENTE

1.1 PROGRAMACIÓN CLIENTE

Tal como hemos comentado en la introducción a este libro, el modelo cliente es la programación que se ejecuta en el navegador. HTML y CSS proporcionan lo que es la estructura y el diseño al sitio web, pero añadiendo el lenguaje de programación Javascript conseguimos el dinamismo y la flexibilidad que hará nuestra web mucho más atractiva.

Al cargarse al mismo tiempo que el HTML en el navegador y residir en el cliente, hace que JavaScript sea rápido a la hora de obtener una respuesta el usuario y que pueda seguir funcionando si se produce una desconexión temporal a Internet.

Este curso se centra en la programación del sitio web mediante Javascript, pero en el siguiente apartado daremos una pincelada de HTML y CSS, como base principal.

1.2 PROGRAMACIÓN DE PÁGINAS WEB

Antes de comenzar a estudiar el lenguaje de programación Javascript, haremos una breve reseña de utilización del lenguaje HTML y de las hojas de estilo

CSS, ya que cuando se habla de programación web se suele hacer referencia a todo el conjunto aunque HTML y CSS no sean lenguajes de programación en sí.

Lo primero que tenemos que hacer a la hora de crear una página web es definir su estructura. Para ello utilizaremos HTML. La estructura básica suele tener el formato que se muestra en la ilustración, aunque no es de estricto complimiento.

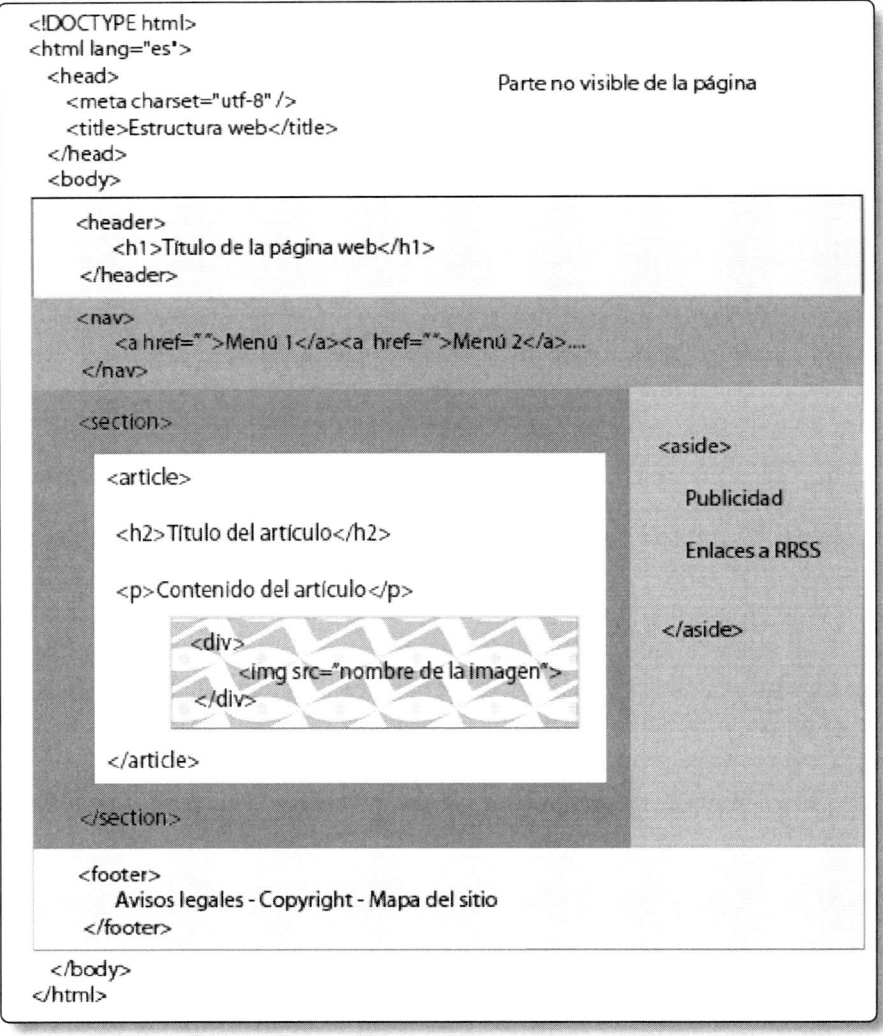

Figura 1.1. Estructura de una página web

Una vez definida la estructura del sitio web, hay que dotarle de estilo a la misma para que sea atractiva para el usuario. Esto se puede realizar de varias formas, de forma directa o embebida, aunque es recomendable incorporar uno o varios archivos de extensión .css y enlazarlos con el HTML en la zona <head>.

```
<head>
<meta charset="utf-8">
<title>Título de la página</title>
<link rel="stylesheet" href="estilos.css">
</head>
```

En este archivo, se va dando formato a cada sección de HTML, indicando si tiene bordes o no, color de fondo, bordes redondeados, color de la letra, sombras y muchas opciones más.

Ejemplo:

Con lo que siguiendo con nuestro ejemplo anterior, contaríamos con dos archivos:

index.html

```
<!DOCTYPE html>
<html lang="es">
<head>
<meta charset="utf-8" />
<title>Título de la página </title>
<link rel="stylesheet" href="estilos.css">
</head>
<body>
<header>
    <h1>Título principal</h1>
</header>
<nav>
    <ul>
```

```html
            <li><a href="">Menu 1</a></li>
            <li><a href="">Menu 2</a></li>
            <li><a href="">Menu 3</a></li>
            <li><a href="">Menu 4</a></li>
        </ul>
    </nav>
    <section>
     <article>
            <h2>Título del artículo</h2>
            <p>Contenido del artículo ... </p>
              <div>
                    <img src="imagen.jpg">
              </div>
          </article>
      </section>
      <aside>
          <p>Publicidad </p>
          <p>Enlaces a RRSS</p>
      </aside>
      <footer>
          Avisos legales - Copyright - Mapa del sitio
      </footer>
  </body>
  </html>
```

estilos.css

```css
header{
    background-color: cornflowerblue;
    height: 50px;
    padding: 5px;
}

ul {
  list-style-type: none;
```

```css
    margin: 0;
    padding: 0;
    overflow: hidden;
    background-color: blueviolet;
}

li {
    float: left;
}

li a {
    display: block;
    color: white;
    text-align: center;
    padding: 14px 16px;
    text-decoration: none;
}

li a:hover {
    background-color: #111;
}

aside{
    float: right;
    width: 29.9%;
    background-color: burlywood;
    text-align: center;
    min-height: 520px;
    margin=1%;
}
section{
    float: left;
    width: 69.9%;
    background-color: darkkhaki;
    min-height: 520px;
}
```

```css
article{
    background-color: aliceblue;
    margin: 2%;
}

article p{
    padding: 1%;
}

img{
    margin: 2%;
    border: 2px solid black;
    border-radius: 5px;
    box-shadow: 10px 10px 10px rgba(0, 0, 0, .5);
    width: 90%;
}

h1, h2{
    text-align: center;
}

footer{
  /*  float: left;
    width: 100%;*/
    background-color: darkgray;
    text-align: center;
   /* min-height: 0px;*/
    padding: 5px;
}
```

que nos mostraría la siguiente página básica:

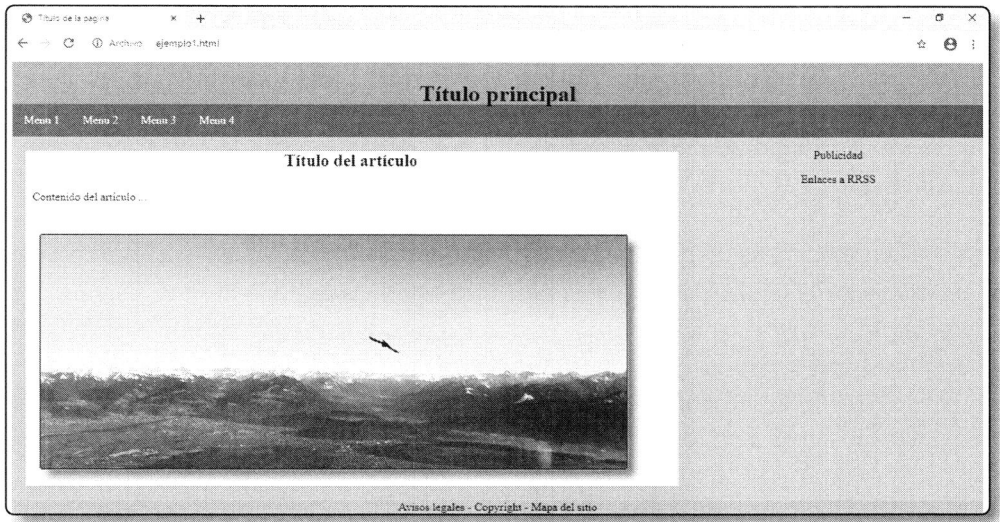

PROYECTO

Comenzaremos creando un sitio web para la venta de un producto. Se recomienda que no se realice de muchos, sino que se tomen dos o tres productos de ejemplo.

Por ejemplo, puede ser una página de venta de zapatos, ropa o electrodomésticos.

Para este sitio, vamos a crear tres páginas sencillas:

- Índice
- Quienes somos – Contacto
- Productos

Recuerda que la página debe ser sencilla, responsive y se deben agregar enlaces a redes sociales.

1.3 INTRODUCCIÓN A JAVASCRIPT

Podemos decir que Javascript es un lenguaje basado en scripts, es decir, pequeños programas sencillos para conseguir un resultado que le va a proveer a la página las opciones dinámicas que necesita para hacerla más interactiva con el usuario brindándole animaciones, acciones que se activan al pulsar botones o mensajes emergentes de aviso.

JavaScript es un lenguaje interpretado, es decir, no necesita ser compilado y es interpretado por el navegador, con la desventaja que, en algunas ocasiones, podremos obtener resultados diferentes si cambiamos de navegador.

Además es un lenguaje orientado a objetos, que hacen que el código sea más claro e intuitivo. Como su nombre indica, se basa en scripts o guiones que se insertan en el lenguaje HTML. Esto se puede hacer de tres formas, igual que ocurre con css:

▼ Insertándolo dentro del contenido html. Si se va a introducir de esta forma, es conveniente saber que el navegador lee HTML de forma lineal.

```
...
<h1> Titulo principal </h1>
<script type="text/javascript">
alert("Bienvenido a nuestra página web");
</script>
...
```

▼ Definiendolo en el head del html

```
...
<head>
<title>Título de la página</title>
<script type="text/javascript">
   alert("Bienvenido a nuestra página web");
</script>
```

```
</head>
...
```

▼ Creando un fichero externo .js

HTML

```
...
<head>
<meta charset="utf-8">
<title>Título de la página</title>
<link rel="stylesheet" href="estilos.css">
<script type="text/javascript" src="script.js"></script>
</head>
```

Archivo script.js

```
alert("Bienvenido a nuestra página web");
```

Al igual que en css, se recomienda siempre la utilización de uno o varios archivos externos para la claridad y el mantenimiento del código. Por ejemplo, si necesitamos una calculadora, crearemos un archivo con el nombre calculadora.js donde colocaremos todas las funciones referentes a la misma.

El navegador aceptará el código, sea cual sea la opción anterior elegida, se nos mostrará el siguiente mensaje antes de mostrarnos la página web

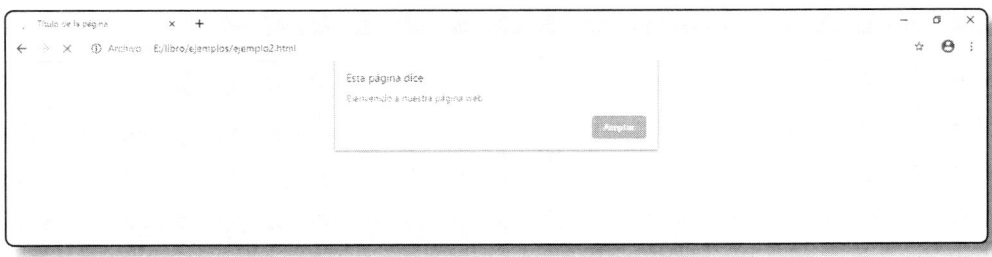

Consideraciones previas

Hay algunas consideraciones que tenemos que tener en cuenta antes de comenzar a trabajar con JavaScript:

▶ JavaScript distingue entre mayúsculas y minúsculas.

▶ Aunque no es obligatorio, es recomendable finalizar las sentencias en ;

▶ Como en HTML no se tienen en cuenta los espacios en blanco o las nuevas líneas.

▶ Los comentarios se colocan mediante // si es un comentario de una línea y entre /* y */ si es un comentario multilínea

▶ Para evitar errores de código, antes de empezar a escribir el código se coloca las etiquetas de comentario multilínea de HTML <!-- //-->, así si el navegador no entiende la etiqueta <script>, la ignora siguiendo en código HTML, con lo que todo el script quedará envuelto en un comentario.

```
<script>
<!--
   Código de Javascript
//-->
</script>
```

▶ Utilizamos la etiqueta <noscript> cuando el navegador no puede ejecutar JavaScript

```
<noscript> Para ver correctamente esta página web,
necesita un navegador que ejecute Javascript
</noscript>
```

1.4 FUNDAMENTOS DE PROGRAMACIÓN

Tenemos dos formas de realizar un programa, utilizando la programación estructurada o bien utilizando la programación orientada a objetos. Javascript es un lenguaje que puede utilizar cualquiera de las dos metodologías.

La programación estructurada, tal como su nombre indica, es una estructura que se va ejecutando paso a paso de forma secuencial.

La programación orientada a objetos, se basa precisamente en esto, en crear objetos que se tratan como un todo e interactuar entre ellos.

1.4.1 Variables

Una variable es un espacio que se guarda en memoria y va cambiando de contenido según las necesidades del programa. En el caso de Javascript no es obligatorio declararlas, aunque si es aconsejable.

Además, JavaScript es un *lenguaje no tipado*, es decir, una vez declarada la variable se puede almacenar en ella cualquier tipo de datos, un número, una letra, un string..es decir asigna el tipo por inferencia o deducción.

Una variable se declara mediante la instrucción **var**

```
var numero;
```

y también se puede iniciar o inicializar la variable con un determinado valor

```
var numero=1;
```

si no se asigna valor a la variable, esta tendrá como contenido **undefined.**

Se pueden declarar múltiples variables en una solo línea escribiendo var y los nombres separados por coma.

```
var numero1, numero2
```

Aunque se le puede dar el nombre que queramos, con unas determinadas especificaciones:

- ▶ Sólo puede contener caracteres alfanuméricos (a-z, A-Z, 0-9), y los símbolos: _, $.

- ▶ No puede comenzar por número.

- ▶ No puede ser una de las palabras reservadas utilizadas por el lenguaje (var, if, for, etc.).

Es aconsejable que se nombre dependiendo del uso que le vayamos a dar, para luego tener una referencia a la hora de utilizarla, por ejemplo:

```
var nombreCliente = "Juan Pérez";
```

1.4.1.1 AMBITO DE LAS VARIABLES

El ámbito de las variables es el lugar donde estarán disponibles. Por lo general, está disponible en el lugar donde se ha declarado, por ejemplo, las variables declaradas dentro de una página web estarán accesibles dentro de ella.

- ▶ **Variables globales:** las variables globales son las que están declaradas en el ámbito más amplio, es decir las declararemos en la parte superior del script. Son accesibles desde cualquier lugar, incluidas funciones, manejadores de eventos, etc.

- ▶ **Variables locales:** las variables locales son aquellas que se declaran en lugares más acotados como una función y sólo se tendrán acceso a ellas dentro del lugar donde se han declarado.

Aunque es posible, no es aconsejable declarar variables locales y globales con el mismo nombre, ya que puede crear confusión sobre qué variable se está utilizando en un momento determinado.

1.4.1.2 TIPOS DE DATOS

JavaScript interpretará que tipo de dato se está utilizando en el momento en que se le asigna el valor y realizará la conversión automática cuando cambiemos de tipo de dato. Los tipos básicos de datos son:

- **Entero/decimal:** permite cualquier número que sea necesario. Para indicar que es negativo basta con poner el signo menos adelante y el . se utiliza como separador decimal, pudiéndose omitir el 0 si el número no tiene parte entera, es decir, se puede utilizar .34 como número válido. También admite los número en notación científica, con E o e de manera indistinta.

- **Carácter/cadena de caracteres o strings:** a diferencia de otros lenguajes javascript utiliza el valor string tanto para un carácter como para una cadena de texto. Para definirlo se pueden utilizar tanto comillas simples como comillas dobles, aunque es preferible utilizar las comillas dobles para HTML y dobles para Javascript para que el navegador determine cuales son las de apertura y cierre.

- **Booleanos**: puede contener valores verdadero o falso únicamente y se suele utilizar para determinar si se cumple o no una condición.

Ejemplo:

```
var numero1=1;
//declaramos un número entero llamado numero1
var numero2=2.5;
//declaramos numero2 de tipo decimal o real
var numero3=numero1+numero2;
//numero3 valdrá número1+numero2, es decir 3.5
var texto = "Hola";
```

```
//declaramos un string (cadena) de valor Hola
var mezcla = texto + numero1; //mezcla dará por resultado Hola1
var cobrado=verdadero;
//cobrado es de tipo booleano (verdadero o falso)
```

También hay que tener en cuenta que si se quiere añadir caracteres especiales a un texto se debe agregar el carácter \ dentro de los apostrofes del string:

Secuencia	Resultado	Secuencia	Resultado	Secuencia	Resultado
\\	\	\"	"	\"	"
\n	Salto de línea	\t	tabulador	\b	Retorno de carro

Ejemplo:

```
var cadena="Esta cadena lleva el carácter \\ seguido de tres
saltos de línea \n \n\n y prosigue comilla simple \" y doble
\"\n"
```

Javascript también permite utilizar variables sin que se hayan declarado previamente. Cuando encuentre una variable no declarada, la crea y permite su utilización, lo que facilita la programación.

1.4.1.3 ARRAYS

Javascript como cualquier lenguaje de programación, también trabaja con arrays, que son variables que, mediante un índice, permiten organizar datos bajo un mismo nombre. Pero a diferencia de otros lenguajes, en Javascript cada uno de los valores del array puede ser de distinto tipo.

Como cualquier variable, el array se declara mediante la opción var, aunque para que javascript reconozca que efectivamente es un array hay que indicárselo:

```
var array = [];
```

y a continuación añadir los valores:

```
array[0]=valor0;
```

o bien agregando los valores a la hora de la declaración:

```
var array = [valor0, valor1, valor2, … ]
```

Así mismo, para acceder a cada elemento del array se utiliza el índice de la posición, es decir, el valor de array[0] será valor0. Si se intenta acceder a un índice de un array inexistente, el resultado será **undefined**. En Javascript el número de elementos del array se ajusta dinámicamente.

1.4.2 Operadores

Dependiendo del tipo de datos que estemos utilizando, se necesitan diferentes operadores:

▶ ***Matemáticos*** (+, - , *, / , %) realizan las operaciones matemáticas entre números, % devuelve el resto de la división, por lo que es un número entero.

```
var valor1 = 1;
var valor2 = 2;
var suma=valor1 + valor2;              //suma valdrá 3
var resta = valor2-valor1;             //resta valdrá 1
var multiplicacion =  valor1 * valor2;
//multiplicacion valdrá 2
var division = valor2/valor1;
//división valdrá 2
var resto =valor2%valor1;              //resto será 0
```

▼ *Asignación* (=, +=, -=, *=, /=, %=) para darle valor a una variable. En el caso de utilizarlo junto a un operador matemático, primero hará la operación y a continuación le asignará el valor a la variable.

```
var valor1 = 1;
valor1 += 2;            //valor1 pasará a valer 3
```

▼ *Concatenación* (+) se utiliza en cadenas de caracteres para unir textos.

```
var valor1 = "Nombre";
var valor2 = "Apellidos";
Nombre = valor1 + " " + valor2;
//Nombre será "Nombre Apellidos"
```

▼ *Comparación* (== , !=, <, >, <=; >=) se utilizan para comparar dos variables. Hay que tener cuidado en confundir el operador de asignación (=) con el igual (==). Devuelven un valor booleano, siendo true si la condición se cumple y false en caso contrario, siendo muy útil para opciones condicionales

```
var valor1 = 1;
var valor2 = 2;
if (valor1 >= valor2)    //devuelve false ya que 1<2
if (valor1 == valor2)    //devuelve false
if (valor1=valor2)
//devuelve true ya que el valor1 pasará a valer 2
```

▼ *Lógicos* (&& (y), || (o), ! (no)) se basan en las tablas de verdad, y es verdadero cuando se cumplen todas las condiciones, o es verdadero cuando se cumple una de las condiciones enumeradas, y no devuelve el valor contrario, es decir, verdadero si la condición es falsa.

```
var valor1 = true;
var valor2 = false;
if (valor1 && valor2)
//devuelve false ya que no cumple las dos
```

```
if (valor1 || valor2)
//devuelve true ya que una de las dos es verdadera
if (!valor1)
//devuelve false por ser el valor contrario
```

▼ ***Incremento/Decremento:*** el incremento/decremento permite agregar/restar una unidad a una determinada variable. Dependiendo de la posición en donde se coloque el operador, se incrementará/decrementará la variable antes o después de realizar otra operación (n++, --n)

```
var valor1 = 3;
valor1++;                    //valor1 pasa a valer 4
```

Si intentamos realizar una operación matemática con variables no numéricas, el resultado será **NaN** (Not a Number), lo que evitará que el programa deje de ejecutarse.

```
var valor1, valor2;
valor1 = 3;
resultado = valor1+valor2;
//resultado será NaN ya que valor2 no tiene valor
```

1.4.3 Interacción con el usuario

Existen tres formas básicas de interactuar con el usuario:

▼ *alert*: envía un mensaje de información. Incluye un botón Aceptar.

```
alert("Mensaje informativo");
```

▼ *confirm*: se utiliza para confirmar una tarea. Incluye dos botones: Aceptar y Cancelar, por lo que se obtiene un valor booleano (verdadero o falso) para realizar o no la acción determinada.

```
valor = confirm("Mensaje con acción a confirmar");
```

▼ *prompt:* solicita información al usuario.

```
valor = prompt("Mensaje con la información a solicitar",
[valor por defecto](opcional));
```

1.4.4 Conversión de tipos

Si queremos saber qué tipo de datos es una variable, utilizaremos la opción typeof, por ejemplo

```
var numero = 1;
//declara una variable número y le asigna el valor 1
alert(typeof numero);
//muestra un mensaje con la opción "number"
```

Hemos visto que podemos concatenar un string con un número y JavaScript automáticamente lo convierte a string.

Ejemplo:

```
var mezcla = "Hola " + 21;   //mezcla tiene el valor "Hola 21"
```

El problema surge cuando solicitamos un valor, y a continuación queremos realizar una suma de valores, al tomarlo como cadena de caracteres lo que hará es una concatenación en lugar de una suma.

Ejemplo:

```
var numero1 = prompt("Introduzca el primero número", 0);
//pide el primer número
var numero2 = prompt("Introduzca el segundo número", 0);
//pide el segundo número
var numero3 = numero1 + numero2;
//En lugar de sumar, concatena los valores
alert("El resultado es " + numero3);
//Si numero1=0 y numero2=0, numero3 = 00
```

Este error sólo ocurre cuando utilizamos el operador +, ya que se puede utilizar tanto para sumar número como para concatenar cadenas. En este caso, debemos convertir los valores de cadenas a número, para ello utilizamos dos instrucciones:

> *parseInt*: convierte una cadena en número entero.
> *parseFloat*: convierte una cadena en número decimal.

Entonces, siguiendo con el ejemplo anterior:

```
var numero1 = prompt("Introduzca el primero número", 0);
//pide el primer número
var numero2 = prompt("Introduzca el segundo número", 0);
//pide el segundo número
var numero3 = parseInt(numero1) + parseInt(numero2);
//Con conversión de valores
alert("El resultado es " + numero3);
//Si numero1=0 y numero2=0, numero3 = 0
```

1.4.5 Sentencia condicional

1.4.5.1 SENTENCIA CONDICIONAL IF-ELSE

Una sentencia condicional permite elegir realizar una acción dependiendo de las circunstancias que ocurran. Se suelen utilizar en la vida cotidiana, como por ejemplo, si llueve => llevar paraguas.

En JavaScript, las sentencias condicionales se utilizan mediante la sentencia if

```
if (condición) acción;        //if (llueve) llevar paraguas
```

También podemos considerar realizar una acción diferente si la condición no se cumple, es decir si llueve => llevar paraguas sino => llevar gafas de sol. En este caso, la opción sino se traduce en JavaScript como else

```
if (condición) acción;        //if (llueve) llevar paraguas
else  acción;                 //else llevar gafas de sol
```

La cláusula else es no obligatoria e incluso puede dejarse vacía.

Cuando se realizaran varias acciones dentro del if, deberemos encuadrarlas dentro de {} para que se consideren un conjunto, por tanto se recomienda siempre utilizar las llaves, aunque sea una única acción, para evitar errores y tener un código más claro. Volviendo al ejemplo:

```
if (condición) {
   Accion1;
   Acción2;
}
else {
   Acción3;
}
```

Además, podemos querer combinar más de una condición, con lo cual podemos anidar los if. En nuestro ejemplo: Si llueve => llevar paraguas, sino => si hace calor => ir a la playa => ir a esquiar

```
if (condición1) acción;          //if (llueve) llevar paraguas
else                             //sino
   if(condición2) acción;        //si (hace calor ) ir a la playa;
   else acción;                  //sino ir a esquiar
```

La condición es una expresión booleana, y se pueden utilizar los operadores de comparación y lógicos vistos anteriormente.

Ejemplo:

Consideremos la evaluación de unos alumnos, si su nota es inferior a 5, será "Suspenso", si es inferior a 7 tendrá "bien", si es inferior a 9 tendrá "Notable", sino será "Sobresaliente". También tenemos que tener en cuenta que la nota no puede ser menor que 0 ni mayor de 10. Traduciéndola a código:

```
var nota = prompt("Escribe la nota del alumno", 0);
var calif;
if (nota<0 || nota>10)
    alert("La nota debe estar entre 0 y 10");
else
    if (nota<5)
        calif="suspenso";
    else
        if (nota<7)
            calif="bien";
        else
            if (nota<9)
                calif="notable";
            else
                calif="sobresaliente";
alert("La calificación del alumno es " + calif);
```

1.4.5.2 SENTENCIA SWITCH

Cuando tenemos varias condiciones podemos utilizar la sentencia switch en lugar de utilizar ifs encadenados, con la única diferencia que solo permite evaluar valores concretos, no intervalos. Esta instrucción realiza diferentes acciones dependiendo de la variable o expresión. La forma de utilización es:

```
Switch(variable o expresión){
case valor1: acciones; break;
case valor2: acciones; break;
…
default: acciones; break
}
```

La instrucción **break** se utiliza para salir/saltar la opción switch, terminando la evaluación y continuando con el resto del código. Esta instrucción, aunque opcional es recomendable.

La instrucción **default** representa las acciones que se ejecutaran sino se han cumplido ninguna de las opciones anteriores. También es opcional.

Ejemplo:

```
switch(new Date().getDay()){
//Date().getDay() devuelve el dia de la semana en número
case 0:
        dia="Domingo";
        break;
case 1:
        dia="Lunes";
        break;
case 2:
        dia="Martes";
        break;
case 3:
```

```
            dia="Miércoles";
            break;
    case 4:
            dia="Jueves";
            break;
    case 5:
            dia="Viernes";
            break;
    case 6:
            dia="Sábado";
            break;
    }
```

1.4.6 Bucles: while / do while / for

Un bucle es una estructura repetitiva que realiza la iteración mientras o hasta que cumple una condición o simplemente se repiten un número determinado de veces. Los bucles se pueden anidar dentro de otro al igual que las sentencias condicionales.

En JavaScript tenemos tres tipos de instrucciones repetitivas:

1.4.6.1 WHILE

While significa mientras, por tanto, el bucle se repetirá mientras se cumpla la condición.

```
while (condición){
instrucciones;
}
```

Condición es una expresión que da un resultado true o false, que hará que se ejecuten o no las instrucciones.

Ejemplo:

Como ejemplo sencillo, le preguntaremos al usuario hasta que número quiere que se imprima e iremos mostrando los números

```
var NumeroFinal= prompt("Escribe desde 0 hasta el número .. ",
0);                             //pregunta el número
var i=0;
//define una variable a 0
while (i<Numero){
//mientras i sea menor que el número dado
      document.write(i++ + "<br>");
//escribe i y un salto de línea e incrementa i
}
```

1.4.6.2 DO .. WHILE

El bucle do .. while, es similar al while, con la diferencia que en este caso primero se hacen las expresiones y a continuación se evalúa la condición, así que las acciones como mínimo se realizaran una vez.

```
do{
instrucciones;
} while (condición)
```

Ejemplo:

Para realizar el mismo ejemplo anterior, haremos:

```
var NumeroFinal= prompt("Escribe desde 0 hasta el número .. ",
0);                             //pregunta el número
var i=0;                        //define una variable a 0
do{
      document.write(i + "<br>");
```

```
//escribe i y un salto de línea
while (++i<Numero)
//incrementa i y compara con el número, y realiza nuevamente el
bucle mientras menor que el número dado
}
```

1.4.6.3 FOR

El bucle FOR es uno de los más utilizados, y realiza las expresiones un número determinado de veces.

```
for (expresión, condición, operación){
Instrucciones
}
```

Ejemplo:

Utilizando el mismo ejemplo anterior

```
var NumeroFinal= prompt("Escribe desde 0 hasta el número .. ",
0);                                  //pregunta el número
for (var i=0; i<Numero, i++){
//mientras i inicializado a cero sea menor que el número dado,
realiza y luego suma 1 a i
        document.write(i + "<br>");
//escribe i y un salto de línea
}
```

En JavaScript las sentencias pueden llevar una etiqueta que los identifique para poder hacer referencia a ellas en otro momento.

```
bucle: for (var i=0; i<Numero, i++){
//mientras i inicializado a cero sea menor que el número dado,
```

```
realiza y luego suma 1 a i
        document.write(i + "<br>");
//escribe i y un salto de línea
}
```

1.4.7 Funciones

Cuando una serie de instrucciones se repiten en distintos programas o en diversas partes de un programa, se crea una función a la que luego se llama cada vez que sea necesario. También se utilizan para resolver problemas complejos a través de trozos de código pequeños que hacen más sencilla su comprensión.

Existen dos tipos de funciones, aquellas que devuelven algún valor, y aquellas que no devuelven nada, sino que solo realizan acciones. Para devolver el resultado se utiliza la sentencia **return** seguida de la variable que se quiera devolver. Una vez que se ejecuta esta sentencia se vuelve al programa principal, por lo que si hubiera alguna instrucción posterior, no se ejecutaría. Hay que tenerlo en cuenta, y colocar esta sentencia como la última de la función.

La función puede contener parámetros o argumentos que son cualquier tipo de variable que sea necesaria para la realización de las acciones correspondientes. El parámetro que recibe la función no tiene un tipo de dato determinado, sino que lo interpreta JavaScript. Si tiene varios argumentos, se deben escribir en el orden adecuado de cómo se han declarado.

Además, también permite abstraer los problemas para que se puedan utilizar simplemente nombrándolas sin conocer el contenido de la función en sí, sólo sé que al darle unos determinados parámetros se obtiene un resultado sin necesidad de saber cómo se llega a él. Se crean librerías de funciones y los programadores pueden utilizarlas como si de cajas negras se trataran.

El formato de las funciones es:

```
function NombreFunción (arg1, arg2,..){
}
```

Una función debe tener un nombre descriptivo de cuál es su cometido, que será único y claro.

Como ejemplo la funcion suma, una función para sumar dos números. Dentro de ella tendremos dos maneras de realizarla, la primera de ellas no devuelve ningún valor, sino que muestra en la web el resultado de la suma y en el segundo ejemplo el resultado es devuelto a la función o programa principal mediante la palabra reservada **return**.

```
function sumar(x,y){
    var suma=x+y;
    document.write("La suma es"  + suma);  //escribe el resultado
}

function sumar(x,y){
    var suma=x+y;
    return suma;                           //devuelve el resultado
}
```

Cuando necesitemos utilizar la función suma, escribiremos

```
suma(3,4);  //En el primer caso, para que imprima el resultado

document.write("La suma es" + suma(3,4));
//se llama a la función en el momento de escribir el resultado
```

PROYECTO

Crear un archivo script.js

Crear un script en JavaScript que pregunte el nombre del usuario. Si no escribe el nombre dará un mensaje de error. Si no, escribirá Bienvenido y nombre de la persona en la parte superior derecha de la página.

1.5 OBJETOS EN JAVASCRIPT

La Programación Orientada a Objetos se basa en tratar los componentes de la programación como entes de la vida real, caracterizándose por la encapsulación y la abstracción para tratarlo como un todo. Un objeto es una entidad en sí, que tiene sus propiedades y sus métodos. Trasladándolo a la vida real , un objeto sería una pelota que tiene unas propiedades como color, material, etc. y una serie de métodos que se pueden realizar con ella como tirarla, botarla, patearla, etc. pero podemos nombrar la pelota como objeto sin necesidad de conocer sus propiedades o métodos.

Javascript, no es exactamente un lenguaje de programación orientado a objetos (POO), sino un lenguaje de comandos basado en Objetos, ya que puede crearlos y desarrollarlos para hacer uso de ellos. Entonces, los objetos son entidades compuestas por dos elementos:

- ▸ **Atributos**: propiedades que contienen datos

- ▸ **Métodos**: para desarrollar operaciones con los atributos, es decir, funciones que determinan la conducta de ese objeto.

El objeto se define como cualquier variable con la palabra reservada var, por ejemplo:

```
var pelota = new Object();   //crea un objeto de nombre pelota
```

1.5.1 Atributos

Los atributos o propiedades de un objeto son las características propias de ese objeto y se accede a ella mediante la notación de puntos.

```
Objeto.atributo
```

Volviendo al ejemplo de la pelota, hemos dicho que un atributo puede ser el color o el material. Para definirlo pondremos

```
var pelota = new Object();   //crea un objeto de nombre pelota
pelota.color = "Rojo";
pelota.material  = "plástico";
```

1.5.2 Métodos

Los métodos son funciones que se realizan con los atributos de ese objeto, es decir es una capacidad o un comportamiento de ese objeto. En nuestro ejemplo, podría ser tirarla. Al igual que las propiedades, a los métodos podemos acceder mediante la notación del punto.

```
Objeto.Metodo(parámetros)
```

En el ejemplo

```
pelota.tirar(distancia)
```

1.5.3 Manejadores de eventos

Los eventos son las acciones que los usuarios realizan, como, por ejemplo, hacer un clic de ratón o pulsar una tecla y es el uso más habitual que tiene Javascript.

Un manejador de evento, es una función que se realiza cuando se dispara ese evento, bien por el usuario o bien por el sistema. JavaScript da respuesta a cada uno de los eventos disponibles cuando se produzcan.

Aunque se pueden incluir los manejadores de eventos directamente en HTML, no es conveniente mezclar, sino escribirlo en el código JavaScript. Los principales eventos los podemos distinguir como:

▶ **Evento generales**

- **Onchange**: al cambiar el contenido
- **Onerror**: al dar error
- **onMove**: al mover
- **onResize**: al cambiar el tamaño

▶ **Eventos de enfoque**

- **Onblur:** cuando se pierde el foco de un elemento de un formulario.
- **Onfocus**: al recibir el foco

▶ **Eventos de carga**

- **Onabort:** al detener la carga
- **Onload**: al cargar una página
- **OnUnload**: al abandonar o salir de una página

▶ **Eventos de teclado**

- **onKeydown:** al pulsar una tecla
- **onKeypress:** al mantener pulsada una tecla
- **onKeyup:** al soltar una tecla que estaba pulsada

▶ **Eventos de formulario**

- **OnReset:** al iniciar un formulario
- **OnSubmit**: al enviar un formulario

▶ **Eventos de ratón**

- **Onclick**: al hacer clic con el botón izquierdo del ratón sobre el elemento
- **onDblClick**: al hacer doble clic con el botón izquierdo del ratón
- **onDragDrop**: al arrastrar y soltar
- **onDragstart**: al arrastrar con el ratón

- **onMousedown:** al pulsar un botón del ratón

- **onMousemove:** al mover el puntero del ratón

- **onMouseout**: cuando el ratón sale de la zona del objeto

- **OnMouseover**: al pasar el ratón por encima del objeto

- **onMouseup:** al dejar de pulsar un botón del ratón

- **Onselect**: al seleccionar texto o un elemento

- **onSelectstart**: al comenzar una selección con el ratón

Ejemplo:

En el siguiente ejemplo, cuando hagamos clic sobre el botón Púlsame, se escribirá Hola Mundo en el p con identificador demo de la página

```
<button onclick="funcion()">Pulsame</button>
//HTML coloca un botón en la pagina
<p id="demo"></p>
//Espacio HTML donde se escribirá Hola Mundo cuando se pulse el
botón
<script>
function funcion() {
   document.getElementById("demo").innerHTML = "Hola Mundo";
}
</script>
```

Otra forma de incluir un manejador de evento es utilizar el método AddEventListener sobre el objeto, para agregar un detector de eventos que se activa cuando un usuario haga clic en un botón. Este método requiere tres parámetros:

```
addEventListener (evento, función, capture tipo booleano)
```

Ejemplo:

El mismo ejemplo anterior pero con addEventListener

```
<button id="myBtn">Pulsame</button>
<p id="demo"></p>
<script>
  document.getElementById("myBtn").addEventListener("click", 
function(){
    document.getElementById("demo").innerHTML = "Hola Mundo";
  });
</script>
```

1.5.4 Modelo de objetos del documento (DOM)

Dentro de los tipos de objetos, podemos hacer una selección entre:

▶ Tipos definidos por el programador

▶ Tipos **predefinidos** de Javascript: son objetos ya creados y disponibles para que el programador pueda trabajar con ellos.

▶ **Modelo de objetos del documento**: aunque el DOM no es exclusivo de Javascript, es un estándar creado por W3C, está íntimamente relacionado con este lenguaje, ya que lo utiliza continuamente para acceder y modificar las páginas web dinámicamente, por lo que necesita identificar con precisión cada elemento. Según este modelo, el navegador representa en memoria los elementos de una página web cuyo elemento superior es document.

1.5.4.1 OBJETO WINDOW

Este modelo tiene una jerarquía de objetos, cuyo principal es WINDOW, que define la ventana principal sobre la que se está trabajando.

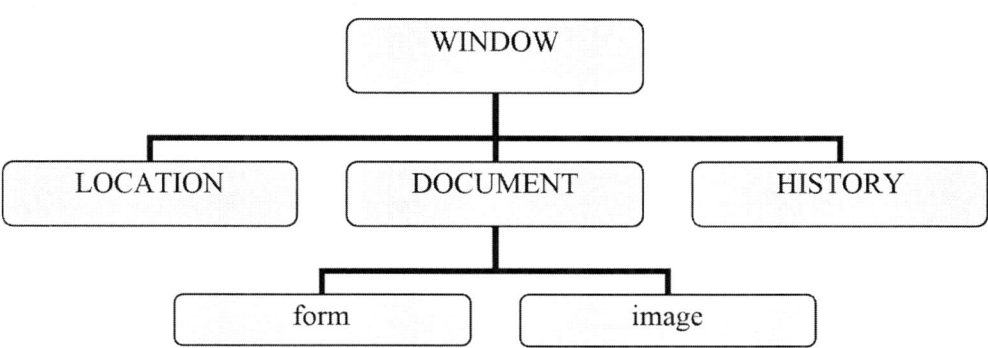

Por defecto, toda página web contiene los objetos window, document, location, history, de los que hablaremos detalladamente a continuación. Salvo estos objetos, la mayoría de objetos del navegador representan los elementos presentes en los documentos HTML, teniendo su correspondencia con las etiquetas.

Tal y como hemos comentado anteriormente, al no ser exactamente un lenguaje POO, sino basados en objetos, no se utiliza el concepto de herencia, los objetos situados en un nivel inferior son propiedades de los de nivel superior.

Métodos del Objeto window

Es decir, por cada etiqueta body se genera un objeto window que tendrá sus métodos. Por ejemplo, para abrir una nueva ventana, utilizamos el método open:

```
window.open(URL,nombre, propiedades)
```

Este utiliza dos parámetros obligatorios y uno opcional, el primero URL indica la dirección de la página web que se cargará en esa nueva ventana, nombre identifica la nueva ventana para utilizarlo en HTML. Las propiedades deben aparecer entre comas para indicar si se colocan las barras de herramienta, de dirección, etc.

Ejemplo:

```
window.open(http://www.google.com,"","width=550,height=249,menub
ar=no")
window.alert("Bienvenido al sitio web")
```

Close es otro método de window que no necesita ningún parámetro.

```
window.close()
```

Otra propiedad de la ventana del navegador es la barra de estado y tiene de nombre **status**, por tanto si queremos colocar un mensaje en la barra de estado:

```
window.status="Esta es la barra de estado"
```

Cuando se tiene un único objeto window, no es necesario indicarlo expresamente. Es decir, cualquier método que se llame a sin ninguna referencia, realmente estamos usando la referencia window. Esto lo utilizamos ya cuando vimos las interacciones con el usuario ya que los métodos alert, confirm y prompt en definitiva, son métodos del objeto window.

Un aspecto importante es que cualquier variable no declarada, pasa a ser propiedad del objeto window, con independencia de dónde se utilice esa variable.

```
function () {
   texto = "Variable accesible"
//variable no declarada, se le asigna un valor
};
alert (texto);                    //Muestra: "Variable accesible"
```

Es conveniente no utilizar esta característica de JavaScript puesto que generará una gran confusión de código.

1.6 LOS OBJETOS LOCATION E HISTORY

El objeto **location** representa la URL completa, pudiendo cambiarla o extraer las distintas partes de la misma.

Este objeto tiene ocho propiedades

- **href**: proporciona la URL completa de la página web cargada en el navegador.

- **hash**: representa un marcador, que aparece detrás del símbolo #

- **host**: representa el servidor al que se accede incluido el puerto utilizado

- **hostname**: representa el nombre del servidor

- **pathname**: es la estructura donde está ubicado.

- **port**: Puerto que utiliza el equipo que mantiene la página

- **protocol**: protocol que se está utilizando, http/https usualmente, aunque también puede otro como ftp.

- **search**: para determinar el criterio de búsqueda

Ejemplo:

En el ejemplo obtendremos el nombre del dominio del servidor, por ejemplo *www.google.es* si nos encontramos en esa página

```
<p id="demo"></p>
<script>
document.getElementById("demo").innerHTML = "Page hostname is: "
+ window.location.hostname;
</script>
```

El objeto **history** permite acceder al historial del navegador. Con este objeto nos podemos mover a través de la lista, aunque no se puede acceder a las direcciones por motivos de seguridad. La única propiedad que tiene este objeto es **length** que lo que devuelve es el número de lugares visitados durante la sesión.

Además, asigna un índice a los lugares visitados, utilizando métodos para navegar a través del historial:

▶ **Back**: va hacia atrás, a la página visitada anteriormente

▶ **Forward**: vuelve hacia adelante en el historial, sólo si se ha ido para atrás previamente.

▶ **Go (número/string)** para ir a una URL determinada.

Ejemplo:

Tenemos en la página un botón de nombre Ir atrás que, cuando se pulse, irá a la página anteriormente visitada

```html
<html>
  <head>
    <script>
      function atras() {
          window.history.back()
//vuelve para atrás en la historia
      }
    </script>
  </head>
  <body>
    <input type="button" value="Ir atrás" onclick="atras()">
  </body>
</html>
```

1.7 EL OBJETO DOCUMENT

El objeto document es el objeto básico del lado del cliente. Proporciona acceso a la página web, proporcionando propiedades y métodos para acceder a los objetos que componen esa ventana del navegador.

Su gran importancia es en la gran cantidad de referencias a las que hace como objetos image, form, etc. y no solo al cuerpo de la página, sino también a los de la cabecera. Como ejemplo, si queremos encontrar determinados elementos utilizaremos el punto para acceder a ellos:

- **Document.body:** devuelve el elemento body de document

- **Document.title:** devuelve el elemento title (título de la página) del document

- **Document.images:** es un array donde cada índice representa una imagen de la página

- **Document.bgcolor:** da o define el color de fondo, donde color puede ser una palabra que define el color en inglés ("red", "green") o el valor hexadecimal de RGB (#FFFFFF blanco, color por defecto)

También, utiliza métodos de los cuales los más normales son:

- **Open():** abrir el documento
- **Close():** cerrar el documento
- **Write/writeln(expresión,..):** escribe las expresiones HTML.

El objeto document estará compuesto por un conjunto de objetos, por lo que necesitaremos una forma para acceder a un elemento particular. Los principales son:

- **Element**: son los nodos definidos por las etiquetas HTML. Es decir, body, div o h1 serán elements.

▶ **Text**: el texto que está dentro de un nodo element se considera como un nodo hijo de tipo text.

Si nos remitimos al ejemplo de la página web, los elementos en forma de árbol del DOM quedaría de la siguiente manera:

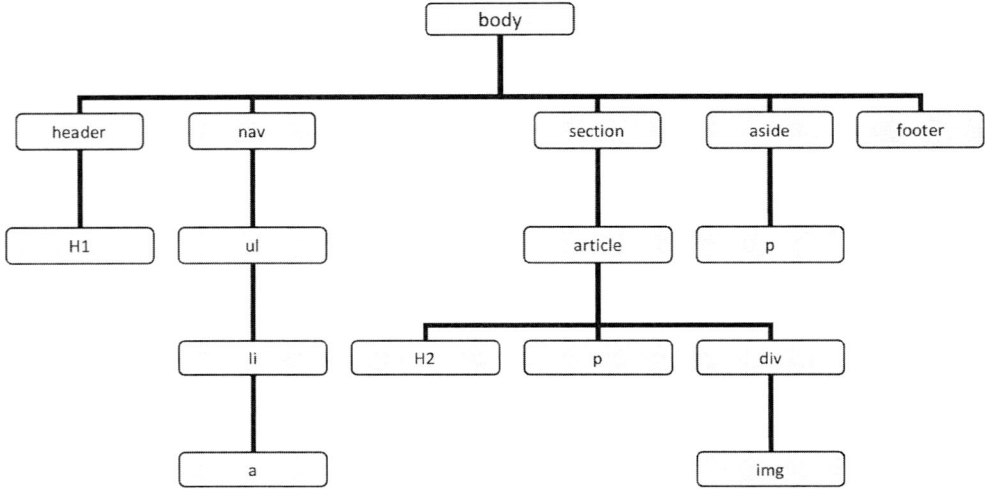

Cuando recorremos un árbol, hablamos de padre cuando hablamos de un nodo superior, o hijo si hablamos de un nodo inferior. En nuestro ejemplo body tiene 5 hijos: header, nav, section, aside y footer, que son hermanos entre sí, además el padre de li es ul. El DOM proporciona más funcionalidades que permiten recorrer el árbol del documento y acceder a los nodos para crear efectos dinámicos:

▶ **parentNode**: proporciona el nodo padre

▶ **childNodes**: proporciona el conjunto de nodos hijos en un array

▶ **firstChild**: accede al primer nodo hijo

▶ **lastChild**: accede al último nodo hijo

▶ **previousSibling**: devuelve el nodo hermano previo

▶ **nextSibling**: devuelve el nodo hermano siguiente

Ejemplo:

Si tenemos el siguiente código HTML

```html
<ul>
    <li id="miLI">Coffee</li>
    <li>Tea</li>
</ul>
```

Si ponemos la siguiente sentencia dentro del script:

```javascript
var x = document.getElementById("miLI").parentNode.nodeName;
```

x tendrá el valor ul, que es el padre del nodo li

1.7.1 Acceso a los elementos HTML

Para el acceso a los elementos a través del DOM, el objeto document utiliza tres métodos :

- **getElementById**(): proporciona acceso a un elemento conociendo su atributo id, teniendo en cuenta que no debe de existir más de un elemento con el mismo id en HTML. Es el modo más frecuente de acceder a un nodo concreto del DOM.

- **getElementsByTagName**(): recupera, en forma de array, todos los elementos que coinciden con la etiqueta que se utiliza como parámetro. Aparecen en el mismo orden que en el código de la página web.

- **getElementsByName**(): permite recuperar sólo los elementos que tienen un atributo name especificado como argumento. El orden también será el mismo que el orden del código de la página.

Ejemplo:

Este ejemplo lo habíamos visto anteriormente que lo que hace es acceder al elemento de id demo y varia su valor a Hola Mundo

```
<button onclick="funcion()">Pulsame</button>
//HTML coloca un botón en la pagina
<p id="demo"></p>
//Espacio HTML donde se escribirá Hola Mundo cuando se pulse el
botón
<script>
function funcion() {
   document.getElementById("demo").innerHTML = "Hola Mundo";
}
</script>
```

1.7.2 Cambio de los elementos

Mediante los siguientes métodos podremos cambiar los elementos HTML:

▶ **innerHTML**: permite cambiar el código HTML en sí

```
<button onclick="funcion()">Pulsame</button>
//HTML coloca un botón en la pagina
<p id="demo"></p>
//Espacio HTML donde se escribirá Hola Mundo cuando se
pulse el botón
<script>
function funcion() {
   document.getElementById("demo").innerHTML = "Hola
Mundo"; //cambia demo
}
</script>
```

▼ **setAttribute(atributo,valor):** cambia el valor del atributo del elemento HTML

También se puede cambiar el atributo o el estilo de un elemento utilizando:

```
elemento.atributo = valor;
elemento.style.propiedad = estilo;
```

Añadir manejadores de eventos

También podemos añadir manejadores de eventos mediante

```
document.getElementById(id).evento = function()
```

1.8 EL OBJETO FORM

Este objeto se utiliza con los formularios. Los formularios son la forma más utilizada para recoger información en un sitio web y para ello utiliza una serie de elementos como puede ser text (cuadro de texto), textarea (área de texto), radio (botones de opción), etc.

Recordemos que los formularios se construyen entre etiquetas <form> </form> y dentro de ellas podemos colocar:

▼ **Botones:** lo más utilizado en los formulario son los botones, básicamente tres:

● **Botón de envío:** crea un botón para enviar el formulario al servidor.

```
<input type="submit" value="Enviar">
```

- **Botón de borrado:** se utiliza para limpiar el formulario.

```
<input type="reset" value="Restablecer">
```

- **Botón**: para definir un botón general.

```
<input type="button" value="Pulsame">
```

▶ **Campo de entrada de datos:** son los elementos básicos que se utilizan para recoger la información y vienen definidos por la etiqueta **input**. La etiqueta label se usa para asociar el texto que aparecerá en el formulario antes del cuadro que dará la entrada del texto. Dentro de los tipos de valores de entrada, tenemos:

- **Campo de texto:** será un campo de tipo texto

```
<label for="nombre"> Nombre: </label>
<input type="text" id="nombre" name="nombre">
```

- **Contraseñas**: al poner como contraseña, al introducir el valor se muestran asteriscos

```
<label for="contraseña"> Contraseña: </label>
<input type="password" id="Contraseña" name="pwd">
```

- **Checkbox**: permite tildar/no tildar para obtener el valor booleano (sí o no)

```
<input type="checkbox" name="nombre" value="valor por
defecto"  [checked="checked"]>
```

- **Radio**: permite elegir entre una serie de opciones, definidas por el grupo name.

```
<input type="radio" name="color" value="rojo">
<input type="radio" name="color" value="verde">
<input type="radio" name="color" value="amarillo">
```

- **Color**: para especificar un color

```
<label for="Color"> Elige el color: </label>
<input type="color" id="Color" name="Color">
```

- **Fecha**: especifica una fecha. Dependiendo del navegador, puede aparecer una interfaz para su selección.

```
<input type="date" id="comienzo" name="Fecha"
value="2020-05-12" min="2020-01-01" max="2020-12-31">
```

- **E-mail**: para campos que van a contener una dirección de correo. Dependiendo del navegador, puede ser validado automáticamente.

```
<label for="mail"> Correo electrónico: </label>
<input type="email" id="mail" name="Correo">
```

- **Fichero:** para adjuntar un archivo mediante el botón Examinar…

```
<label for="fichero"> Seleccionar archivo: </label>
<input type="file" id="fichero" name="Fichero">
```

- **Número**: define un campo para entrar un número

```
<label for="cantidad"> Cantidad (entre 1 y 5): </label>
<input type="number" id="cantidad" name="cantidad"
min="1" max="5">
```

- **Tel**: define un campo para entrar un número de teléfono

```
<label for="telefono"> Entre un número de teléfono: </
label>
<input type="tel" id="telefono" name="telefono"
pattern="[0-9]{2}-[0-9]{2}-[0-9]{3}" required>
```

▶ **Áreas de texto**: es para introducir gran cantidad de texto.

```
<textarea rows="numerofilas" cols="numerocolumnas"
name="nombre"> Texto que se colocará en el área de texto
</textarea>
```

▶ **Grupos de selección:** para elegir entre una serie de opciones mediante desplegable, utilizamos la etiqueta <select>

```
<select name="transporte">
   <option value="coche">Coche</option>
   <option value="avión">Avión</option>
   <option value="tren">Tren</option>
</select>
```

1.8.1 Validar la información de un formulario

Aunque HTML5 ya permite definir patrones de validación para los diferentes campos de formularios, aún podemos utilizar JavaScript para personalizar nuestras validaciones, siempre del lado del cliente, antes de mandarlo al servidor, que también puede constar de sus propias validaciones de seguridad. También se utilizará JavaScript cuando tenemos un navegador que no admite la validación HTML.

En JavaScript, el funcionamiento de la validación se basa en el comportamiento del evento **onsubmit**. Si este evento devuelve el valor falso, el formulario no se envía. Por tanto, en cuanto se encuentra un elemento incorrecto dentro de la validación se cambia el valor de este evento.

Por ejemplo, si tenemos un campo de formulario vacío, podríamos crear la siguiente función:

```
function validar() {
   var x=document.forms["formulario"]["Campo"].value;
   if (x==""){
      alert("El campo no puede quedar vacío");
      return false;
   }
}
```

Y en el formulario del archivo HTML, colocamos el evento submit

```
<form name="Formulario" action="/action_page.php"
onsubmit="return validar()" method="post">
   Nombre: <input type="text" name="Campo">
   <input type="submit" value="Submit">
</form>
```

La mayoría de los navegadores admiten una API para la validación de restricciones, que son una serie de métodos y propiedades disponibles en el DOM. La API de validación dispone de dos métodos:

▸ **checkValidity()**: Si un elemento no es válido, devuelve false

```
<p> Entre un número del 100 al 300 </p>
<input id="num" type="number" min="100" max="300"
required>
<button onclick="funcion()">OK</button>
<p id="mensaje"> </p>
<script>
   function función(){
```

```
    var numero=Document.getElementById("num");
    if (!numero.checkValidity()) {
    document.getElementById("mensaje").innerHTML =
    numero.validationMessage;
  } else {
    document.getElementById("mensaje").innerHTML =
    "Número correcto";
    }
  }
</script>
```

- **setCustomValidity(mensaje):** añade un mensaje de error personalizado que se muestra cuando el elemento no es validado.

```
<form>
  <label for="mail"> Dirección de correo: <label>
  <input type="email" id="mail" name="mail">
  <input type="submit" value="Submit">
</form>

<script>
  var mail=Document.getElementById("mail");
  mail.addEventListener("input",function(event){
    if (mail.validity.typeMismatch){
      mail.setCustomValidity("El mail no es correcto");
    }
  })
</script>
```

1.9 OTROS OBJETOS

Existen otros objetos predefinidos que tienen relación directa con el propio JavaScript, que representan funcionalidades ampliadas o incorporadas al lenguaje, algunos de los más utilizados.

1.9.1 Date

Permite manejar fechas y horas. Para crear una objeto con el dia y hora actuales pondríamos:

```
miFecha = new Date()
```

Algunos de los métodos son:

- **getDate()/setDate()**: devuelven o establece e día

- **getDay()/setDay():** devuelve/establece el día de la semana

- **getHours()/setHours():** devuelve/establece la hora

- **getMinutes()/setMinutes():** devuelve/establece los minutos

- **getMonth()/setMonth():** devuelve/establece el mes

- **getSeconds()/setSeconds():** devuelve/establece los segundos

- **getTime():** devuelve los milisegundos transcurridos entre el día 1/1/1970 y la fecha correspondiente.

- **setTime():** actualiza la fecha completa a partir de un número de milisegundos.

- **getYear()/setYear():** devuelve/establece el año

1.9.2 Math

Proporciona funciones matemáticas estándar. Las constantes se definen como propiedades mientras que las funciones se definen como métodos.

Algunas de las propiedades son:

- **E**: constante de Euler
- **LN2**: logaritmo neperiano de 2
- **LOG2N**: logaritmo en base 2 de N
- **LOG10N**: logaritmo decimal de N
- **SQRTN**: raíz cuadrada de N

Y como métodos:

- **abs(x):** valor absoluto de x
- **acos(x):** arcocoseno de x
- **asin(x):** arcoseno de x
- **atan(x):** arcotangente de x
- **cell():** entero igual o inmediatamente siguiente al valor dado.
- **cos(x):** coseno de x
- **exp():** resultado de elevar E por un número
- **floor(x):** mayor entero que es menor o igual que x
- **log():** logaritmo neperiano
- **max(x,y):** mayor valor entre x e y
- **min(x,y):** menor valor entre x e y
- **pow(x,y):** devuelve x elevado a y
- **random():** muestra un número aleatorio entre 0 y 1
- **round(x):** redondea al entero más próximo
- **sin():** seno del número
- **sqrt(x):** raíz cuadrada de x
- **tan():** tangente del número

1.9.3 String

Para trabajar con cadenas de caracteres. Como propiedades tiene:

- **length**: longitud en caracteres de la cadena.

Y como métodos:

- **charAt(indice):** devuelve el carácter que hay en la posición indicada como índice.

- **fromCharCode():** crea una cadena a partir de una secuencia de caracteres separados por comas.

- **indexOf(x, c):** muestra la posición de la primera vez que aparece el carácter x a partir de la posición c que se desea empiece la búsqueda

- **lastIndexOf(x, c)**: igual que indexOf con la diferencia que comienza desde el final de la cadena en lugar del principio.

- **replace(subs, nuevostr)**: sirve para reemplazar porciones de texto

- **Split(separador):** separa una cadena en subcadenas según el separador

- **Substring(inicio, fin):** muestra la subcadena que empieza con el carácter inicio y termina en el carácter fin.

- **toLowerCase():** convierte todos los caracteres de la cadena a minúsculas

- **toString():** devuelve un objeto en forma de cadena

- **toUpperCase():** convierte todos los caracteres de la cadena a mayúsculas

- **valueOf():** muestra el valor de un objeto en forma de cadena

PROYECTO

▸ Crear una página web adicional a nuestra página en la que crearemos un formulario de registro de usuario.

▸ Validar las entradas de ese formulario para que los datos que se solicitan sean correctos.

▸ Cambiar el archivo anterior para que el nombre de la persona lo obtenga a través del formulario.

2

PROGRAMACIÓN SERVIDOR

2.1 PROGRAMACIÓN SERVIDOR: PHP

Un lenguaje de programación de servidor, como su nombre indica, es aquel que se ejecuta del lado del servidor web, antes de enviar el resultado al cliente a través de Internet. Estos se utilizan para el acceso a una base de datos, conexión en red, sesiones, envíos de email, o cualquier otro recurso antes de crear la página que recibirá el cliente. Son realmente valiosos ya que reducen el número de errores de compatibilidad y son más fáciles de controlar, por tanto, más seguros.

Dentro de los lenguajes de programación del lado servidor se encuentra PHP, acrónimo de Hipertext Preprocessor. Es uno de los más utilizados por ser gratuito, de código abierto, independiente y rápido. Además, es multiplataforma y tiene una gran conexión con cualquier base de datos, como MySQL.

PHP es uno de los ejemplos más claros de lenguaje interpretado, es decir, que no necesitan compilación, se interpretan mientras se está ejecutando, lo que le brinda independencia con respecto al hardware que estemos utilizando.

La facilidad de PHP se basa en pequeños scripts dentro de una página creada con HTML. Esos scripts PHP permiten realizar comportamientos atractivos en el entorno del Backend.

PHP se puede utilizar tanto como programación estructurada como en programación orientada a objetos.

2.2 INSTALACIÓN

Para utilizar PHP, necesitaremos previamente un servidor. Uno de los más utilizado es Apache, también se puede utilizar el servidor web de Windows, IIS (Internet Information Services). Hay que tener en cuenta que sólo se puede tener instalado uno, ya que si no pueden entrar en conflicto.

Nosotros hemos elegido el paquete Xampp de software. Xampp proviene de:

- **X** (cualquier sistema operativo) // W (Windows, se convertiría en Wampp)

- **A**pache (Servidor)

- **M**ariaDB/MySQL (Gestor de Bases de datos, MariaDB se utiliza la versión 5.6.15)

- **P**HP

- **P**erl

Para instalar Xampp, iremos a la página *https://www.apachefriends.org/ es/index.html*

Como se puede observar, Xampp está disponible para Windows, Linux y OS.

Al pulsar sobre la opción elegida, se descargará automáticamente el archivo ejecutable:

Bien desde el archivo mostrado, bien desde Descargas, debemos ejecutar en modo Administrador y nos pedirá permiso para modificar.

Puede ser que salga el siguiente cartel:

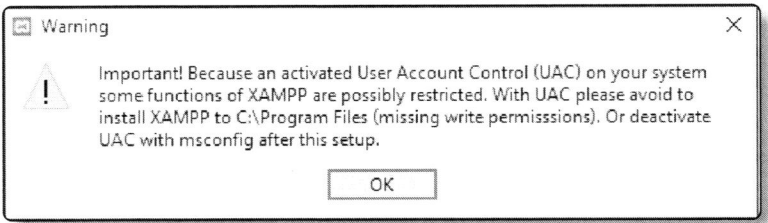

UAC es el Control de Cuenta de Usuario, y se utiliza cuando varios usuarios utilizan el mismo ordenador por lo que se generan distintos escritorios. Por ello, Xampp nos desaconseja instalarlo en C:\Program Files, o bien desactivarlo utilizando msconfig.

Xampp comenzará a instalarse

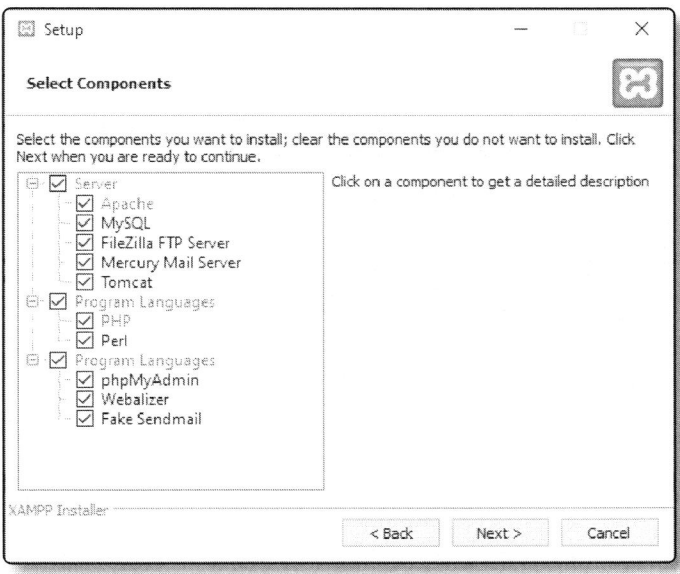

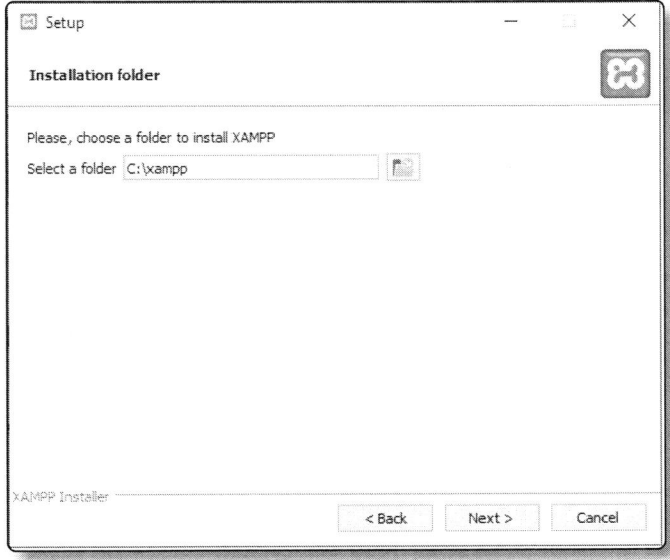

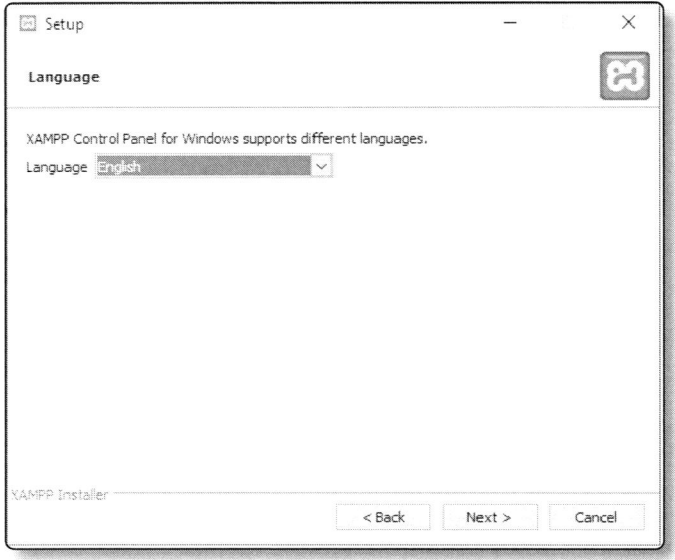

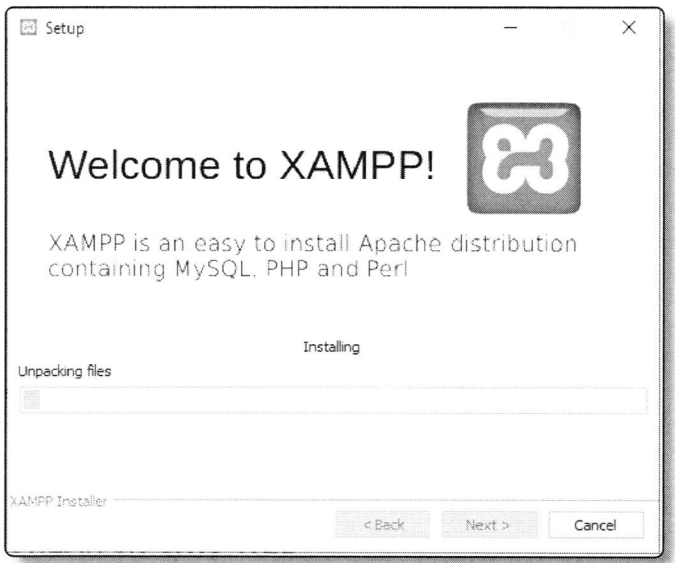

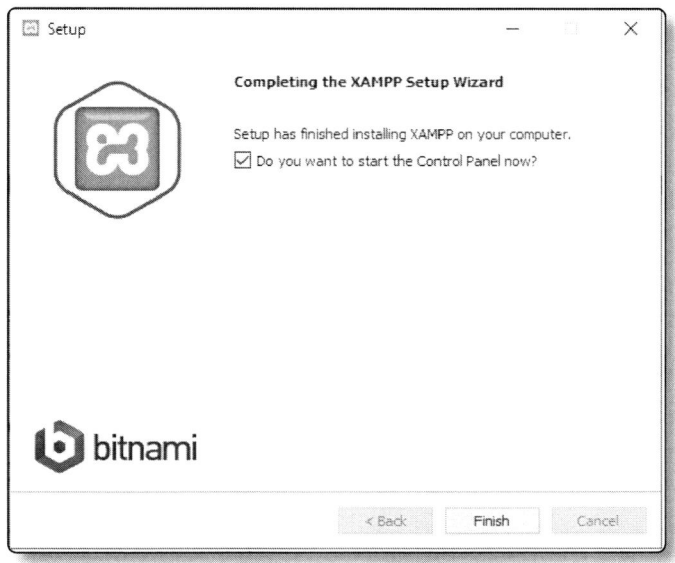

Y ya podremos comenzar a utilizar Xampp mediante el Panel de Control

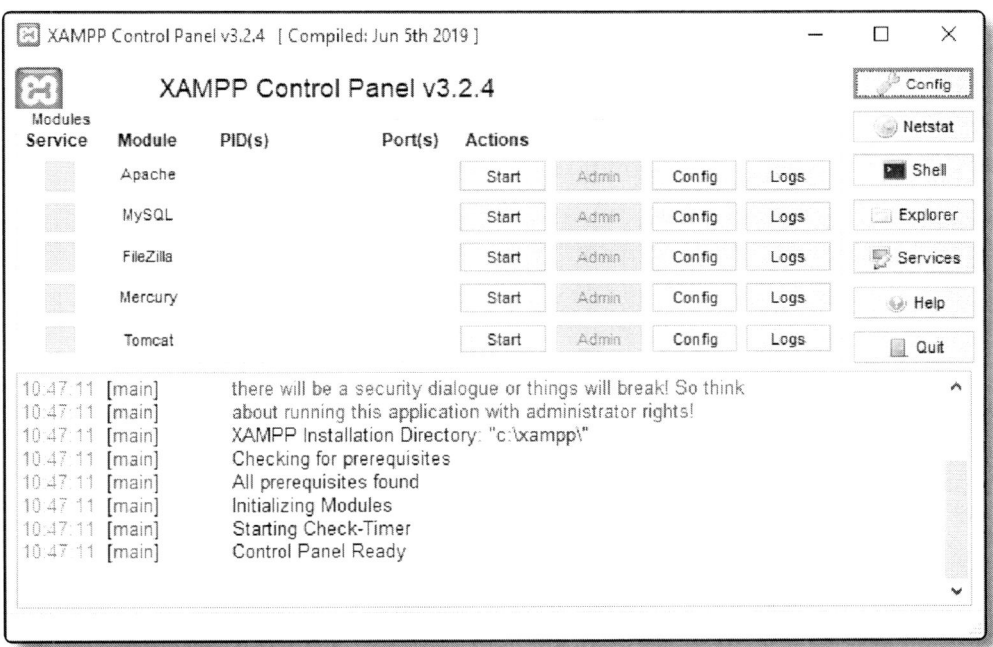

Vemos como con el paquete Xampp se ha instalado Apache con la versión PHP 7.4.6

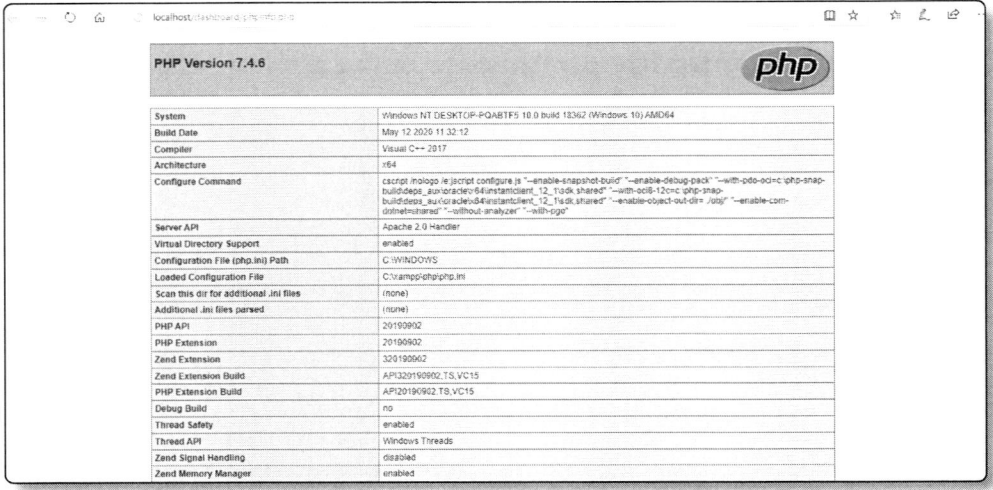

También incluye MySQL como gestor de base de datos, que será en lo que nos centremos en la siguiente unidad, Filezilla como FTP y Tomcat como contenedor de servlets que no serán objeto de estudio de este libro.

Para comenzar a utilizar el servidor local tendremos que activar Apache dándole a **Start**, lo que hará que el módulo Apache del Panel de Control cambie a verde tal como se puede ver en la imagen

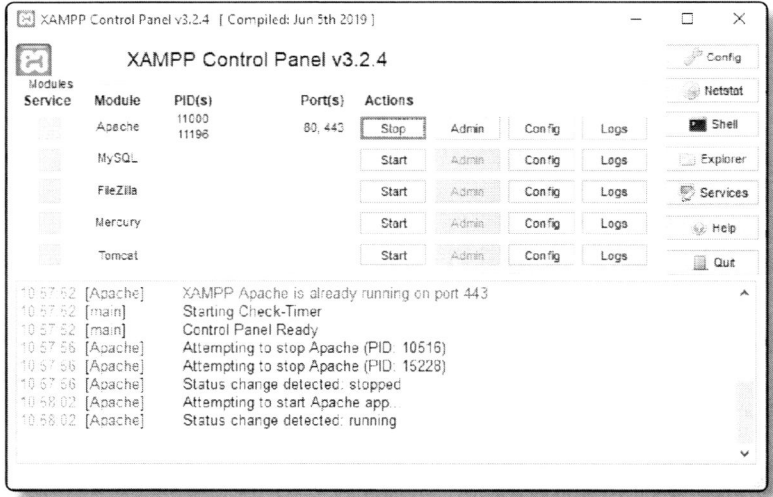

Al instalar el servidor local Apache del paquete Xampp, este crea una carpeta denominada **htdocs** dentro de la ubicación en la que hemos instalado el mismo, en nuestro caso **c:\xampp**. Por tanto, todas las páginas que se creen en c:\xampp\htdocs será la url **http://localhost**.

2.3 CREAR UN SITIO WEB

Ya hemos comentado en el principio del libro que necesitamos una parte del lado del cliente y otra parte del lado del servidor.

El proceso comienza cuando un usuario solicita mediante protocolo http un recurso web a través de una dirección o URL que normalmente tendrá la extensión php para indicarle al servidor que se trata de una página que tiene que ser tratada mediante un intérprete que es el encargado de ejecutar el código. Este intérprete realiza todas las operaciones necesarias en el propio servidor, devolviéndole al usuario una página HTML estática resultante.

Cuando un usuario escribe el nombre de un sitio web, como por ejemplo *https://www.ra-ma.es/* realmente está llamando a una página *index.html, index. php*. Por lo que nuestra página inicial SIEMPRE debe tener uno de estos nombres, ya que el usuario no suele escribirlo. En el caso de estar creándolo en php, nuestro archivo principal será *index.php*

2.4 INTRODUCCIÓN A PHP

Como comentamos anteriormente, el código php funciona como scripts incrustados dentro del código HTML delimitado por <?php y ?> y lo podremos encontrar varias veces a lo largo de la página. Su versión corta <?   y   ?> no es admitida por todos los navegadores, por lo que es recomendable utilizar siempre la versión completa.

2.4.1 Consideraciones previas

Hay algunas consideraciones que tenemos que tener en cuenta antes de comenzar a trabajar con PHP:

- El nombre de las variables y constantes tiene que empezar por letra o un guión bajo.

- PHP distingue entre mayúsculas y minúsculas.

- Las sentencias finalizan obligatoriamente en ;

- Si usamos doble barra (//) o el símbolo # podemos introducir comentarios de una línea. Mediante /* y */ creamos comentarios multilínea

- Es conveniente utilizar comillas simples para delimitar el texto a escribir y dobles para el nombre de la clase.

- El tag de PHP:
  - Puede abrirse y cerrarse en la misma línea en que abrió, o puede cerrarse en otra línea diferente. Es indistinto.
  - Puede intercalarse dentro de etiquetas HTML pre-existentes.
  - Puede generar nuevas etiquetas HTML mediante un echo o print.
  - Y puede abrirse y cerrarse muchas veces dentro de una misma página.

Ejemplo:

```
<!DOCTYPE HTML>
<html>
<head>
    <meta charset="utf-8">
    <title>Ejemplo</title>
</head>
```

```
<body>
    <h1>Esto es HTML</h1>
    <?php echo "Esto es código PHP" ?>
//echo muestra el mensaje
</body>
</html>
```

Si ahora queremos que el servidor Web local procese ese archivo (simulando lo que se vería en un hosting verdadero), tenemos que encender el servidor Web Apache desde el panel de control del XAMPP, y luego escribiremos en la barra de direcciones de nuestro navegador la URL de nuestro archivo PHP:

http://localhost/ejemplo.php

o bien

http://127.0.0.1/ejemplo.php

2.4.2 Constantes

Las constantes se suelen utilizar cuando un valor se utiliza mucho, como por ejemplo, PI=3.1419. La constante no cambia nunca de valor.

La definición se puede realizar de dos formas:

▼ Utilizando la función define:

```
define ( "PI", 3.1419);
```

▼ Utilizando la palabra clave const:

```
const PI = 3.1419;
```

siempre se suelen colocar el nombre en mayúsculas para distinguirlas de las variables. Hay que tener en cuenta que no se puede incluir constantes dentro de bloques de texto, sino que habría que concatenar con la misma.

Estas constantes son realmente útiles cuando tenemos gran cantidad de código y tenemos que cambiar el valor de esa constante, al cambiarlo en su definición se utilizará ese valor en todo el programa, si utilizáramos el valor en el código, tendríamos que ir cambiándolo uno por uno. Aparte de la claridad en el mismo. Si queremos incluso, podremos crear un archivo de constantes para así tener incluso mayor claridad.

2.4.3 Variables

En este lenguaje, como ocurría en JavaScript, tampoco es necesario declarar una variable para utilizarla. Para establecer una variable, ponemos el nombre precedido por el símbolo $, y se inicializa a un valor, por lo que tampoco se indica el tipo de datos. Los nombres de variables en PHP comienzan por un carácter y van seguidos de números y caracteres sin espacios. El intérprete de PHP elige el tipo de datos que mejor se adapta en función del valor asignado.

Hay que recordar que tenemos que distinguir entre variables globales y locales dependiendo de su ámbito:

- ▶ **Variables globales**: se definen en el programa principal para que puedan ser llamadas desde cualquier punto del mismo

- ▶ **Variables locales**: se definen en el interior de una función y sólo está disponible para esa función.

Las variables globales no se deben utilizar directamente en las funciones, ya que al utilizar el mismo nombre, PHP entiende que se está definiendo una variable local. También lo podemos usar colocando la palabra global antes de la variable.

Normalmente, la variable local se suele inicializar al comienzo de la función. Se puede hacer que una variable local guarde su valor entre las distintas llamadas a la función en una misma ejecución del programa, colocando delante del nombre la palabra reservada static

Estas dos formas no son las más usuales, por lo que no suelen ser las más recomendadas.

2.4.4 Tipos de datos

PHP dispone de los siguientes tipos de datos:

- **Booleanos (boolean)**: puede contener valores verdadero o falso únicamente y se suele utilizar para determinar si se cumple o no una condición.

- **Entero (integer) / decimal (float):** permite cualquier número entero o con parte decimal.

- **Carácter/cadena de caracteres (strings):** cadenas de caracteres.

Ejemplo:

```
$entero=2002;       //Número entero
$real=3.14159;      //Números tipo decimal o real
$cobrado = true;    //tipo booleano (verdadero o falso)
$cadena="Hola";     //declaramos un string (cadena) de valor Hola
```

PHP aplica lo que se denomina la *conversión implícita*, convirtiendo el tipo de datos automáticamente cuando no concuerde con la expresión a ejecutar. Pero en algunas ocasiones nos será necesario convertir explícitamente a un tipo de datos concreto, operación que es conocida como *casting*.

Para realizar este casting, lo que hay que hacer es colocar el tipo de datos que queremos entre paréntesis:

▶ **(boolean) o (bool):** para convertirlo en booleano. Hay que tener en cuenta que cualquier valor se considera TRUE menos los siguientes valores que pasaran a ser FALSE:

  - El valor FALSE (sin distinguir mayúsculas y minúsculas)
  - Integer 0
  - Float 0
  - String vacío (" ") o cadena "0"
  - Un array con 0 elementos
  - Un objeto con cero variables miembro
  - Tipo especial NULL

▶ **(integer) o (int):** para convertir en enteros. Algunas consideraciones a tener en cuenta:

  - El valor boolean FALSE pasa a ser 0 y TRUE pasa a 1
  - Un decimal trunca su parte decimal
  - Un string se convierte a valor si su principio tiene valor numérico, sino pasará a ser 0.

▶ **(float) o (double):** para pasar a decimales. Se siguen las mismas reglas que para los enteros.

▶ **(string):** para cadenas de texto. Si lo que convertimos es un boolean, TRUE pasará a ser "1" y FALSE pasará a ser cadena vacía ("").

2.4.5 Operadores

Tal como ya hemos visto, los operadores se utilizan para realizar cualquier tipo de operación y los podemos clasificar en:

▶ *matemáticos:* (+, - , *, / , %, **) ** realiza la exponenciación entre dos número.

```
$valor1 = 1;
$valor2 = 2;
$suma=$valor1 + $valor2;              //suma valdrá 3
$resta = $valor2-$valor1;             //resta valdrá 1
$multiplicacion = $valor1 * $valor2;
//multiplicacion valdrá 2
$division = $valor2/$valor1;
//división valdrá 2
$resto =$valor2%$valor1;              //resto será 0
$exponente=$valor1**$valor2
//eleva 1 al cuadrado
```

▼ *Asignación* (=, +=, -=, *=, /=, %=, .=) para darle valor a una variable. En el caso de utilizarlo junto a un operador matemático, primero hará la operación y a continuación le asignará el valor a la variable.

```
$valor1 = 1;
$valor1 += 2;            //valor1 pasará a valer 3
```

▼ *Concatenación* (.) se utiliza en cadenas de caracteres para unir textos.

```
$valor1 = "Nombre";
$valor2 = "Apellidos";
$Nombre = $valor1 . " " . $valor2;
//Nombre será "Nombre Apellidos"
```

▼ *Comparación* (== , != o <>, <, >, <=; >=) se utilizan para comparar dos variables. Hay que tener cuidado en confundir el operador de asignación (=) con el igual (==). También existen los operadores === !== que comprueban si son iguales (distintos) y del mismo(distinto) tipo. <=> es un operador combinado que devuelve un número entero menor, igual o mayor que cero, si la variable 1 es menor, igual o mayor que la variable 2.

```
$ valor1 = 1;
$valor2 = 2;
if ($valor1 >= $valor2)      //devuelve false ya que 1<2
if ($valor1 == $valor2)      //devuelve false
if ($valor1=$valor2)
//devuelve true ya que el valor1 pasará a valer 2
$valor1 <=> $valor2
//devuelve -1 porque valor1 es menor que valor 2
```

▶ **Lógicos** (&& (y), || (o), ! (no)) se basan en las tablas de verdad, y es verdadero cuando se cumplen todas las condiciones, o es verdadero cuando se cumple una de las condiciones enumeradas, y no devuelve el valor contrario, es decir, verdadero si la condición es falsa.

```
$valor1 = true;
$valor2 = false;
if ($valor1 && $valor2)
//devuelve false ya que no cumple las dos
if ($valor1 || $valor2)
//devuelve true ya que una de las dos es verdadera
if (!$valor1)
//devuelve false por ser el valor contrario
```

▶ **Incremento/Decremento:** el incremento/decremento permite agregar/restar una unidad a una determinada variable. Dependiendo de la posición en donde se coloque el operador, se incrementará/ decrementará la variable antes o después de realizar otra operación:

- ++$n pre-incremento
- $n++ post-incremento
- --$n pre-decremento
- $n—post-decremento

```
$valor1 = 3;
$valor2=++$valor1;
//valor1 pasa a valer 4 y valor2 vale 4
$valor1 = 3;
$valor2 = $valor1++;    //valor1 vale 4 y valor2 vale 3
```

2.5 ARRAYS Y ESTRUCTURAS DE CONTROL

En PHP también es posible utilizar arrays y que cada uno de sus componentes sea de un tipo diferente, ya que, como cualquier variable no tiene que declararse.

Existen varias formas de crear arrays:

▶ Como una variable normal incluyendo corchetes después del nombre, a medida que vamos estableciendo valores, se crean sus elementos

```
$a[0] = 0; $a[1] = 1;
```

▶ Como una única línea, dando valores:

```
$a = array (0, 1, 2, 3, 4, 5);
```

▶ También se puede declarar:

```
$a = [0,1,2,3,4,5];
```

▶ Utilizando lo que se denominan arrays asociativos, que no utiliza índices, sino strings.

```
$moneda = array ("España" => "Euro", "Inglaterra" =>
"Libra" , "EEUU" => "Dólar" , "Argentina" => "Peso");
```

Entonces, para indicar el primer elemento $moneda["España"] que tendrá el valor "Euro".

2.5.1 Arrays multidimensionales

Cada elemento de un array puede ser, a su vez, otro array. Cuando esto ocurre se denomina array multidimensional. Normalmente, este se utiliza para crear tablas o bases de datos.

```
$productos = array( array (1,"goma", 1.2) , array (2, "lápiz",
2,4), array (3, "pincel", 5.4));
```

Para acceder a un elemento de este array, es prácticamente igual al array unidimensional, con la diferencia de utilizar dos índices en lugar de uno, es decir, para acceder al elemento lápiz

```
$productos[1][1];
```

También podemos utilizar arrays asociativos al crear arrays multidimensionales.

```
$productos = array( array ("ID" = > "1","Nombre"=>"goma",
"Precio" => "1.2") , array ("ID" => "2", "Nombre" => "lápiz",
"Precio" = > "2,4"));
```

En ese caso, para identificar un valor, utilizaremos

```
$productos[1]["ID"];
```

2.5.2 Estructuras de decisión

La estructura clásica de decisión, es decir, realizar unas acciones si se cumple una determinada condición o realizar otras si no se cumple, tal como hemos visto en JavaScript, es:

```
if (condición) {
   Acciones;
}
else {
   Acciones;
}
```

También se puede anidar esta estructura para ampliar la decisión:

```
if (condición) {
   Acciones;
}
   elseif (condición){
      Acciones;
   else{
      Acciones;
}
```

Otra estructura que se utiliza para la toma de decisiones es switch. No nos debemos de olvidar de utilizar la sentencia break, al final del case para terminar la ejecución cuando se cumpla la condición. Así como default, que, aunque no es obligatorio, indica que acciones se realizarán en el caso de que no se cumpla ninguno de los casos anteriores.

```
switch (expresion) {
   case primera:
      Acciones;
      Break;
   case segunda:
      Acciones;
      Break;
..
   default: Acciones;
}
```

2.5.3 Estructuras de repetición

▶ **Bucle for:** el funcionamiento es idéntico al visto en JavaScript, presentándose con la siguiente sintaxis:

```
for (expresión, condición, operación){
    Instrucciones;
}
```

Para poner el mismo ejemplo que se utilizó en JavaScript

```
for ($ i=0; $i<$Numero; $i++){
//mientras i inicializado a cero sea menor que el número
dado, realiza y luego suma 1 a i
    print($i + "<br>");
//escribe i y un salto de línea
}
```

▶ **Bucle while:** el funcionamiento es idéntico al visto en JavaScript, presentándose con la siguiente sintaxis:

```
while (expresión){
    Instrucciones;
}
```

Para poner el mismo ejemplo que se utilizó en JavaScript

```
$i=0;                   //define una variable a 0
while ($i<10){          //mientras i sea menor que 10
    echo($i++ "<br>");
//escribe i y un salto de línea e incrementa i
}
```

▶ **Bucle do-while:** el funcionamiento es idéntico al visto en JavaScript, presentándose con la siguiente sintaxis:

```
Do{
    Instrucciones;
} while (expresión);
```

Para poner el mismo ejemplo que se utilizó en JavaScript

```
$i=0;
Do {
    print $i++;
While($i<10);
```

▶ **Bucle foreach:** para acceder a un array asociativo, no se puede hacer mediante los índices, entonces utilizamos este bucle recorrerá el array de forma secuencial. Tiene dos sintaxis:

```
Foreach ($matriz as  $valor) {
    Instrucciones;
}
```

Ejemplo:

```php
<?php
    $animales[4] = "Perro";
    $animales[5] = "Gato";
    $animales[21] = "Tortuga";
    $animales[3] = "Hamster";
    $animales[45] = "Canario";
    foreach ($animales as $valor){
        print("<p>El animal actual es ".$valor."</p>");
} ?>
```

La segunda sintaxis posible de foreach nos permite que, en cada vuelta del bucle, no sólo leamos el valor de la celda de la matriz, sino también el índice de esa celda, y lo almacenemos en otra variable:

```
foreach ($variable as $clave => $valor) {
      Instrucciones;
}

foreach ($animales as $clave => $valor){
print("El elemento de índice: ".$clave." contiene el valor:
".$valor."<br />");
```

Siempre el bucle comenzará por el primer elemento del array y finalizará al terminar de procesar el último elemento.

2.6 FUNCIONES

Como se ha comentado anteriormente, las funciones se proporcionan para dividir la aplicación en unidades más fáciles de trabajar y con una tarea definida, con un nombre al que podremos invocar tantas veces como nos sea necesario. Cuando termine de realizar las acciones encomendadas, volverá al código principal en la línea inmediatamente inferior.

La llamada a una función desde el código principal se hace simplemente escribiendo su nombre con los argumentos necesarios entre paréntesis. Recordar que es muy importante el orden en el que se han escrito los parámetros, ya que deben ir en el mismo en el que están definidos en la función para que se emparejen perfectamente.

En PHP, para crear una función se ha de declarar utilizando la palabra **function** seguido de una palabra que determinará el nombre de la función y los argumentos o parámetros entre paréntesis. Finalmente, se colocará el bloque de código de la función encerrado entre llaves.

Cuando una función es llamada por otra, se debe definir primero.

Si la función necesita devolver algún valor, se utilizará la palabra reservada **return**. Con esta acción finalizará automáticamente la secuencia de instrucciones de la función. Tenemos que tener en cuenta que si la función devuelve un valor, necesitaremos una variable que recoja ese valor.

Ejemplo:

```php
<?php
   function suma($var1, $var2){
      echo "Esto es una función que realiza la suma de dos
variables";
      $valor = $var1+$var2;
      echo "La suma de ". $var1. " y " .$var2 . " es " .$valor;
      return $valor;
   }
} ?>
…
<?php
   $resultado = suma(2,3);
} ?>
```

Hay que tener cuidado ya que en PHP el paso de parámetros es **por valor**, es decir que tiene un ámbito local a la función donde se está recibiendo, por eso tenemos que devolver el valor desde la función, ya que si cambiáramos el valor de una variable en una función, no la cambiaría en el programa principal, sino que mantendría el valor que tenía antes de ejecutarse. Es decir, cuando la función termina, los parámetros dejan de existir.

```php
<?php
   function porValor($var1){
      $var1 = "Valor de la variable de la función";
//Escribe "Valor .. función"
      echo $var1;
   }
…
```

```php
<?php
  $variable = "Valor de la variable del programa";
  porValor($variable);
  echo $variable;               //Escribe "Valor .. del programa
} ?>
```

Si no queremos que esto ocurra, podemos realizar un paso de parámetros **por referencia**. En este caso, si cambia el valor dentro de la función también lo hace su variable original. Para pasar los parámetros por referencia, se coloca un ampersand (&) antes del parámetro.

```php
<?php
  function porReferencia($var1){
    $var1 = "Valor de la variable de la función";
//Escribe "Valor .. función"
    echo $var1;
  }
…
<?php
  $variable = "Valor de la variable del programa";
  porValor($variable);
  echo $variable;               //Escribe "Valor .. función"
} ?>
```

También, en una función puede definir valores por defecto, estos se ubicarán a la derecha de los parámetros que no contengan. Con este procedimiento evitamos errores si no se pasa valor a una determinada variable en la invocación a la función.

```php
  function porDefecto ($var1 = "Valor de la función")
```

2.7 INCLUIR ARCHIVOS

Cuando comenzamos a utilizar funciones, estas pueden ser requeridas por más de un programa, por lo que puede ser conveniente reutilizar el código de esa función escribiéndola en un archivo independiente, por lo que nuestro código estaría bien organizado y fácilmente modificable.

Además, también puede ser interesante dividir el fichero de código ya que tiene un número muy elevado de líneas, con lo que el peso sería considerable y su edición sería más lenta.

Para incluir este código donde se necesite se utilizan las palabras clave **include** o **require**. Ambas funcionan de forma similar, con la diferencia:

- ⚐ **require():** si el archivo no existe, se genera un error y se interrumpe el script,

- ⚐ **include():** solo se generará una advertencia (warning).

Lógicamente, los códigos que escribamos en archivos independientes deben estar incluidos dentro de las etiquetas de inicio y cierre <?php - ?>

Ejemplo:

```php
<?php
        echo "Iniciando ejecución<br>";
        include("paraincluir.php");
        echo "Finalizando ejecución";
    ?>
```

Al utilizar la instrucción include o require, PHP lo que hará es incluir el código como si lo hubiésemos escrito en la posición de la línea include, incrustando el mismo, por lo que se puede utilizar cualquier variable o función que apareciese en el código. Incluso se podría incluir dentro de una estructura. Tenemos que tener muy presente que aunque sólo coloquemos esta línea, debemos ponerla entre llaves para que no haya conflictos y nos aseguremos que todo el código se ha incluido dentro de la estructura.

En ambos casos, tenemos la opción _once (include_once, require_once), se utiliza para no incluir más de una vez el mismo archivo.

Los include (require) también pueden ser anidados, es decir, podemos hacer una llamada a una página que a su vez realice una llamada a otra página.

```
<html>
<?php include_once("superior.php"); ?>
<?php include_once("menu.php"); ?>
//este archivo posee la variable $autor
<div id="artículo">
   Artículo muy interesante sobre ballenas azules, escrito por
<?php echo "$autor"; ?>.
</div>
<?php include_once("pie.php"); ?>
```

2.8 PROGRAMACIÓN ORIENTADA A OBJETOS

Mientras que la programación estructurada se centra en el programa y su flujo de control, la programación orientada a objetos se centra en los objetos. En la orientación a objetos existen una serie de principios:

- ► **Ocultación de información**: las propiedades y eventos de los objetos no son visibles, sino que para conocer o manipular el contenido se hacen mediante paso de los mensajes.

- ► **Abstracción de datos. Encapsulado**: Un tipo abstracto de datos, describe no sólo los atributos, sino también su comportamiento, métodos. El encapsulado o encapsulación de datos es el proceso de agrupar atributos y métodos bajo el mismo nombre.

▼ **Paso de mensajes**: Los objetos interactúan entre si mediante mensajes. En ese mensaje se pueden pasar parámetros o argumentos que a veces son necesarios para ejecutar el método.

El elemento clave es la clase, que es el modelo que define al objeto y que cada vez que quieras crear un objeto debes instanciar esa clase. Para definir una clase PHP proporciona la palabra reservada class

```
class pelota{
}
```

Para instanciar objetos de la clase hombre, utilizamos el operador new()

Tal y como vimos en JavaScript, un objeto puede tener atributos o propiedades, que definen sus características y métodos, que definen las acciones que se pueden realizar.

Ejemplo:

```
class pelota{
        private $color;
        private $material;
        public function tirar(){
        }
}
```

Los atributos se corresponderían a variables y los métodos a funciones, pero que pertenecen a la clase. Para leer una propiedad de un objeto se utiliza $objeto-> propiedad.

Ejemplo:

```
<?php
    class MiClase
```

```
    {
            public $propiedad = "Soy una propiedad de la clase
  MiClase";
    }
    $objeto = new MiClase;
    echo $objeto->propiedad;
//Imprime "Soy una propiedad de la clase MiClase"
?>
```

Por tanto, una de las principales características es que sólo se exponen los servicios, no su implementación.

Cada instancia implicará un objeto diferente, con unos determinados valores en sus propiedades. Hay algunas propiedades que toman el mismo valor para todas las instancias de los objetos, esto se indica con la palabra static:

```
static $forma = "redonda";
```

Esto implica también que si se modifica el valor de la propiedad, se cambiará en todos los objetos de esa clase.

PHP permite que los objetos se referencien a sí mismos usando `$this`. Cuando se trabaja dentro de un método, se usa `$this` de la misma forma que utilizarías el nombre del objeto fuera de la clase.

```
return $this->propiedad;
```

2.8.1 Public, protected y private

La visibilidad de las propiedades y los métodos pueden definirse poniendo las palabras reservadas public, protected o private delante de los mismo. Dependiendo de desde dónde pueden ser accedidos y alterados son:

▼ **Public**: desde cualquier parte, fuera de la clase, otras clases u otras instancias. Este es el acceso predeterminado, por lo que no sería necesario ponerlo, aunque sí es conveniente por claridad de código.

▼ **Private**: sólo desde dentro de la clase

▼ **Protected**: desde la clase o cualquier clase heredada, es decir, clases hijas.

Normalmente, se suelen ocultar las propiedades de los objetos, poniéndolos en privado y acceder a ellos mediante sus métodos que se suelen poner como públicos para que puedan ser utilizados por cualquier clase.

2.8.2 Getter y setter

Como hemos establecido anteriormente, las propiedades de las clases se suelen ocultar, por lo que para acceder a ellas necesitamos unos métodos que ya vienen establecidos y que se denominan getter y setter. Pueden incluir cualquier nombre, pero siempre es conveniente indicarlas con get/set. Si utilizamos un IDE (Entorno de desarrollo integrado) como Eclipse o Netbeans, podemos decirle que creen automáticamente estos métodos para cada uno de los atributos de la clase.

Mediante el método getter se permite leer, y solo leer, las propiedades que se necesiten, simplemente utilizando devolviendo la propiedad mediante un return y el método setter permite modificarlas incluyendo el código necesario y el valor del atributo como parámetro, lo que permite validar ese valor antes de asignarlo a la variable.

Por tanto, como norma, cuando creamos una clase, creamos los atributos de tipo privado o protegido y los métodos get y set de cada uno de los atributos. A no ser que sea un atributo de "solo lectura" con lo que el método setter estaría de más, o que no se pudiera consultar determinado dato, con lo cual no se utilizaría el método get.

Ejemplo:

```
class pelota{

  private $color = ""rojo";
  private $material = "plástico";

  public function getColor (){
    return $this->color;
  }
  Public function setColor ($nuevoColor){
    $this->velocidad = $nuevoColor;
  }
  public function getMaterial (){
    return $this->material;
  }
  Public function setMaterial ($nuevoMaterial){
    $this->material = $nuevoMaterial;
  }

  public function tirar(){
  }
}
```

2.8.3 Constructor

Un constructor permite inicializar las propiedades del objeto en el momento de crearlo. Es el primer método al que se llama automáticamente al crearse y no devuelve nunca ningún dato. Lógicamente sólo puede haber un constructor por clase.

Definimos el constructor mediante __construct (doble guión bajo) y su visibilidad debe ser pública. Dentro del constructor siempre utilizaremos la palabra clave this para indicar que se está haciendo referencia al propio objeto. Recuerda que no se puede utilizar this fuera de la clase, ya que dará error.

Por tanto, en el momento en que creemos un objeto mediante la orden new, lo que se hace es llamar al constructor de esa clase.

Ejemplo:

```php
<?php
class Pelota{

   private $color = ""rojo";
   private $material = "plástico";

   public function __construct ($color, $material){
      $this->color = $color;
      $this->material = $material;
   }
   public function getColor (){
      return $this->color;
   }
   Public function setColor ($nuevoColor){
      $this->velocidad = $nuevoColor;
   }
   public function getMaterial (){
      return $this->material;
   }
   Public function setMaterial ($nuevoMaterial){
      $this->material = $nuevoMaterial;
   }

   public function tirar(){
   }
}
$pelotaFutbol = new pelota ("Blanca", "Caucho");
Echo $pelotaFutbol->getColor;
?>
```

2.8.4 Destructor

Un objeto creado mediante un constructor existirá mientras se ejecute el código y desaparecerá cuando termine el mismo. Aunque la creación del destructor es opcional, en ocasiones necesitamos asegurarnos que se realizan determinadas tareas, como cerrar una base de datos, cuando el objeto se elimine.

Ejemplo:

```
public function __destruct (){
    echo "destruido";
}
```

2.9 HERENCIA

Es una de las principales características de la Orientación a Objetos, ya que nos permite crear una nueva clase que está basada en otra clase ya existente. Esta subclase o clase hija "hereda" todos los atributos y métodos de la superclase o clase padre.

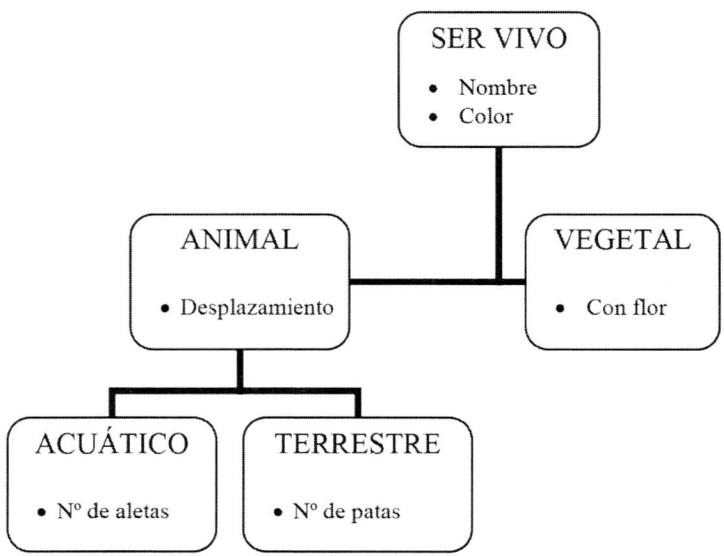

Trasladándolo a la vida real, tenemos una clase ser vivo, con los atributos nombre, color, que será una superclase. Dentro de esta podemos crear a su dos subclases animales, que tendrá como atributo, por ejemplo número de patas y vegetales, con el atributo con flor (booleano). Dentro, a su vez de los animales, podríamos crear las subclases acuáticos con número de aletas y terrestres con raza como atributo.

Para establecer que una clase es hija de otra, se utiliza la palabra clave **extends**.

```
class padre{
        public function saluda() {
                echo "Hola Mundo";
        }
}
class hija extends padre{
        public function respondeSaludo() {
                echo "<br />Hola aplicación";
        }
}
$mi_hija = new hija();
$mi_hija->saluda();
$mi_hija->respondeSaludo();
```

Hay que tener en cuenta que sólo se puede heredar de una clase y que esta clase padre debe estar creada previamente. Aunque una misma clase puede ser heredad por diferentes clases y una clase puede ser una extensión de otra clase que es igualmente hija de otra clase, aunque no es recomendable que el árbol de clases que se crea tenga más de 7 niveles.

Los métodos y propiedades heredados pueden ser sobrescritos declarándolos de nuevo con el mismo nombre que tienen en la clase padre.

Ejemplo:

```
class padre{
        public function saluda() {
                echo "Hola Mundo";
        }
}
class hija extends padre{
        public function saluda() {
                echo "Hola aplicación";
        }
class hija2 extends padre{
}
$mi_hija = new hija();
$mi_hija2 = new hija2();
$mi_hija->saluda();              //Escribe "Hola aplicación"
$mi_hija2->saluda();             //Escribe "Hola Mundo"
```

Teniendo en cuenta la herencia, podemos añadir dos modificadores más a las funciones:

- ▼ **final**: se utiliza cuando se quiere que un método no pueda ser sobrescrita por su clase hija o una clase no pueda ser heredada, es decir, será el fin de la cadena de herencias.

- ▼ **abstract:** se utiliza para indicar que un método o una clase no puede instanciarse y trasladan su funcionamiento obligatoriamente a las clases hijas. Este tipo de clases reducen y mejoran la calidad del código. Si se define un método abstracto, la clase a la que pertenece ese método también debe ser abstracto, y además, este método debe redefinirse en la clase hija. Si definimos una clase cuyo padre es una clase abstracta, se debe de tener en cuenta:

  - Los métodos de la clase hija debe ser definida con el mismo nombre para redeclarar el método abstracto del padre.

- El modificador de la clase hija debe ser igual o menos restrictivo que la clase padre, es decir, que si el método es protected podrá ser protected o public, nunca private.

- El número de argumentos debe ser el mismo, aunque se pueden añadir argumentos opcionales en la clase hija.

2.9.1 Métodos estáticos

Habitualmente, el método de trabajo es crear una clase, y luego, para crear un objeto instanciar el mismo. Pero se pueden definir métodos o propiedades denominados estáticos que se caracterizan por no tener que instanciar un objeto para utilizarlo.

Para definir un método o propiedad estática se utiliza la palabra reservada **static**.

```
class nombreClase{
      public static function métodoEstatico (){
              return "Soy un método estático";
      }
}
```

2.9.2 Operador de resolución de ámbito

Los métodos estáticos se pueden invocar sin necesidad de instanciar un objeto, para ello utilizamos el operador de resolución de ámbito o Paamayim Nekudotayim

```
nombreClase::nombreMétodo();
```

Para invocar a un método estático dentro de la misma clase, utilizamos **self**, que sería el equivalente a $this para objetos no estáticos.

```php
class NombreClase {
            const CONSTANTE = "Hola! ";
    }

class SubClase extends NombreClase  {
      public static $variable = " static";

      public static function miFuncion() {
            echo self::$variable;
            }
  }
```

Otra utilidad del operador de resolución de ámbito, es cuando creamos una subclase, podemos tener necesitad en algún momento de recurrir a un método del padre, para realizar esta opción utilizamos la palabra reservada **parent**.

```php
class NombreClase {
            const CONSTANTE = "Hola! ";
    }

class SubClase extends NombreClase  {
      public static $variable = " static";

      public static function miFuncion() {
            echo parent::CONSTANTE;
            echo self::$variable;
            }
  }
```

Un ejemplo muy claro es cuando creamos un constructor para los elementos de la subclase, que además debemos construir los elementos del padre, para que se cree el elemento de forma completa.

Ejemplo:

```
class padre{
   protected $atributoDelPadre;

   function __construct ($atPadre){
      $this->atributoDelPadre = $atPadre;
   }
   ……        //funciones get/set y propias
}

class hija extends padre{
   private $atributosHijos;

function __construct ($atPadre, $atHijo) {
   parent::__construct($atrPadre);
   $this->atributosHijos = $atHijo;
}
      ……           //funciones get/set y propias


}
```

2.10 RECOGER DATOS DEL USUARIO

Para generar páginas dinámicas, necesitamos recoger datos del usuario que hará que varíe la información que recibirá. Esto se suele realizar mediante formularios o a través de cookies, sesiones, etc.

Para realizar estas acciones, PHP utiliza unas variables llamadas **superglobales**, ya que están disponibles para cualquier método, clase o fichero. Estas son:

▶ **$GLOBALS**: es un array asociativo que tiene las referencias a todas las variables que están definidas en el ámbito global del script.

```php
<?php
  $a = 46;
  $b = 32;

  function sumar() {
        $GLOBALS["suma"] = $GLOBALS["a"] + $GLOBALS["b"];
  }

  sumar();
  echo $suma;
?>
```

▶ **$_SERVER:** provee información del servidor.

```php
<?php
   echo $_SERVER["SERVER_NAME"];
//mostrará www.nombre.es
?>
```

▶ **$_REQUEST:** se utiliza para recoger la información que ha sido enviada en un formulario HTML. Por defecto, contiene el contenido de $_GET, $_POST y $_COOKIE mezclado.

```html
<body>
...
<form name="formulario" method="post"
action="ejemploRequest.php">
  Nombre: <input type="text" name="Nombre">
  <input type="submit">
```

```
</form>
…..
</body>

<?php   //Ejemplo de utilización de Request
  $nombre = $_REQUEST["nombre"];
//obtiene el valor del nombre del formulario
  echo $nombre;
?>
```

▸ **$_POST:** se utiliza para recoger información o pasar variables del formulario con method="post". Es similar a REQUEST. El método post no tiene límite de información, la información no es visible al usuario y se puede enviar tanto texto normal como código binario, por lo que es recomendable la utilización de este método.

```
<body>
  …
    <form name="formulario" method="post"
  action="ejemploPost.php">
      Nombre: <input type="text" name="Nombre">
      <input type="submit">
    </form>
…..
</body>

<?php   //Ejemplo de utilización de Post
  $nombre = $_POST["nombre"];
//obtiene el valor del nombre del formulario
  echo $nombre;
?>
```

▸ **$_GET:** igual que la variable global $_POST pero cuando el método del formulario es get. El método get sólo debe ser utilizado para transmitir poca información y que no tenga carácter privado, ya que el

usuario puede ver la información en la URL de la página, además de
estar limitada a 2000 caracteres.

```php
<?php   //Ejemplo de utilización de Get
   $nombre = $_GET["nombre"];
//obtiene el valor del nombre del formulario
   echo $nombre;
?>
```

▸ **$_FILES:** para el trabajo con archivos, como por ejemplo una imagen
   en el formulario.

▸ **$_ENV**: para utilizar las variables de entorno del servidor web.

▸ **$_COOKIE**: para manipular cookies guardadas en el ordenador del
   usuario.

▸ **$_SESSION**: para gestionar las sesiones de usuarios.

2.11 VALIDACIÓN DE FORMULARIOS

Una vez que hemos recogido la información mediante un formulario, lo
que debemos hacer es comprobar que la misma es válida. Aunque normalmente
la información se valida en el área de cliente, utilizando las propias características
de validación de HTML5 o bien mediante JavaScript, este siempre debe ser un
primer filtro, ya que el usuario podría desactivarla simplemente impidiendo que
se ejecute el código JavaScript en el navegador.

Tal y como hemos visto en el apartado anterior, cuando el usuario envía
los datos en el formulario, este se almacena en un array asociativo ($_POST o $_
GET), por cada componente del formulario se insertará un elemento en el array
cuya clave será el atributo name de dicho componente, y el valor, el contenido
en su atributo value.

Entonces, dependiendo del método que se utilice para enviar el formulario, tendremos:

- ☞ **method=get** crea el array asociativo $_GET

- ☞ **method = post** crea el array asociativo $_POST

- ☞ **enctype="multipart/form-data"** y una etiqueta **<input type="file" ... />** que se utiliza para subir archivos, creará el array $_FILE

Ejemplo:

```
<form action="accion.php" method="post">
    <p>Nombre: <input type="text" name="nombre" /></p>
    <p>Edad: <input type="text" name="edad" /></p>
    <p><input type="submit" /></p>
</form>
```

Accion.php

```
<?php
if (empty($_POST ) == true){
//El formulario no ha sido enviado, ya que el array está vacío
    }
elseif (empty($_POST["nombre"])){
   echo "El nombre es obligatorio";
//Comprueba que el campo esté relleno
}
else{
   Hola <?php echo htmlspecialchars($_POST["nombre"]);?>.
//Escribe Hola nombre
   Usted tiene <?php echo (int)$_POST["edad"];?>años.
//hace un tipado para que escriba un número
}
?>
```

La función **empty()** comprueba si la variable se considerada vacía, es decir, si no existe o bien es: cadena vacía ("") o cadena 0 ("0"), 0 (integer), 0.0 (float), NULL, FALSE, array vacío (array()), o una variable declarada pero sin valor asignado.

La función **htmlspecialchars()** garantiza que cualquier carácter que sea especial en html se codifique adecuadamente, no nos hace falta con el campo edad, ya que al forzarlo a integer se deshará de cualquier carácter no numérico.

También podremos usar el bucle foreach para ir recorriendo todas las variables del array POST:

```php
foreach($_POST as $campo => $valor){
    echo "- ". $campo ." = ". $valor;
}
```

Hay que evitar, sobre todo, que se puedan introducir trozos de código o scripts, que hagan que se hackee la página o se redirija, para ello podemos crear una función filtrado:

```php
function filtrado($datos){
    $datos = trim($datos);
//Elimina espacios antes y después de los datos
    $datos = stripslashes($datos); //Elimina backslashes \
    $datos = strip_tags ($datos)   //Elimina las etiquetas HTML
    $datos = htmlspecialchars($datos);
//Traduce caracteres especiales en entidades HTML
    return $datos;
}
```

Y luego llamar a la función con cada campo del formulario:

```
$nombre = filtrado($_POST["nombre"]);
```

De esta forma evitaríamos que se ejecute cualquier código que se introduzca, y se interpreta como un texto más.

2.12 TRABAJAR CON COOKIES

Una cookie es un archivo de texto con los estados de variables que se conservan de una visita a otra en el ordenador del cliente, es decir, es responsabilidad del navegador no del servidor. Pueden utilizarse con diferentes fines como crear un contador de las veces que accede un usuario a una página, guardar la personalización de un usuario de la página o guarda el perfil del usuario, ya que conociendo el perfil de un usuario se le pueden ofrecer un tipo de productos o servicios orientados a sus gustos o necesidades.

Pueden contener un máximo de 4093 caracteres cada una y no puede haber más de 20 por dominio, aunque los navegadores pueden almacenar hasta 300 cookies.

Aunque se almacene en el cliente, las cookies parten del servidor estando relacionadas con un determinado dominio, por lo que incrementan el tiempo de respuesta.

En PHP, las cookies se generan y se guardan en el navegador del usuario mediante la función **setcookie()**, que recibe varios parámetros, entre ellos, el nombre de la cookie, el valor y la caducidad y devuelve un boolean, siendo TRUE si se pudo incluir en el navegador. El único parámetro obligatorio es el primero, el nombre de la cookie, los demás son opcionales.

```
setcookie("nombre_de_la_cookie",valor,caducidad, ruta, dominio, 
seguro, solo http);
```

▶ **Nombre:** string con el nombre que queremos darle a la cookie a guardar.

▶ **Valor:** string con el valor que va a tener la cookie.

▶ **Caducidad:** Tiempo en el que caducará. Lo normal es utilizar la función time(), y sumarle el número de segundos que quedamos que dure la cookie. Por ejemplo, time() + (60 * 60 * 24 * 365) haría que la cookie durase un año en el sistema del usuario.

▶ **Ruta:** El camino o ruta donde la cookie se podrá utilizar dentro del dominio. Por defecto, la cookie se podrá utilizar en el directorio donde se ha creado y sus subdirectorios. Si indicamos "/" la cookie tendrá validez dentro de todo el dominio.

▶ **Dominio:** Es el subdominio donde se podrá acceder a la cookie. Las cookies sólo se pueden generar y utilizar para el dominio de la página donde está colocado el script, pero podemos hacerlo visible para todos los subdominios del dominio de la web por medio de ".midominio. com".

Ejemplos:

```php
<?php
    setcookie("cookie", "mivalor");
    setcookie("nombre", 1, time() + (60*2) );
//Crea una cookie por 2 minutos
    setcookie("otracookie", "valorfinal", time() + 3600, "/",
".midominio.com");
    setcookie("persona",$nombre,time()+86400*365);
//persona contendrá el valor de la variable $nombre durante un año
?>
```

En el array asociativo $_COOKIE están las cookies que tiene disponible la página en el dominio y el directorio donde se encuentra. Por medio de su nombre, accedemos al valor:

```php
$_COOKIE["cookie"];
```

Es importante que la creación de la cookie sea previa a la apertura del documento HTML. En otras palabras, las llamadas a la función setcookie() deben ser colocadas antes de la etiqueta HTML. También hay que tener en cuenta, que al crear una primera cookie se genera automáticamente el archivo de texto y que cuando se redefine una cookie existente, esta se sobrescribe.

Ejemplo:

```php
<?php
   $nombre ="usuario";
   $valor = "Yo";
   setcookie($nombre, $valor, time() + (86400*30),"/");
//86400 = 1 dia
?>


<html>
   <body>
   <?php
     if(empty ($_COOKIE[$nombre])) {
        echo "La cookie: ". $nombre."" no se ha establecido";
     }else{
        echo "Cookie ". $nombre  "está creada!<br>";
        echo"Su valor es: " $_COOKIE[$valor];
     }
   ?>
   </body>
</html>
```

Para eliminar una cookie, bastaría con usar la función setcookie() con una fecha de expiración en el pasado.

Ejemplo:

```php
<?php
  setcookie("usuario","", time() - 3600);
?>
<html>
  <body>
  <?php
    echo" La cookie "usuario" ha sido eliminada";
  ?>
  </body>
</html>
```

Uno de los mayores problemas que plantean las cookies es que dependen del navegador, por lo que el usuario puede configurar el mismo para permitir que sean guardadas o no.

Si miramos en Chrome, accediendo por la opción Configuración – Privacidad y seguridad, podemos observar:

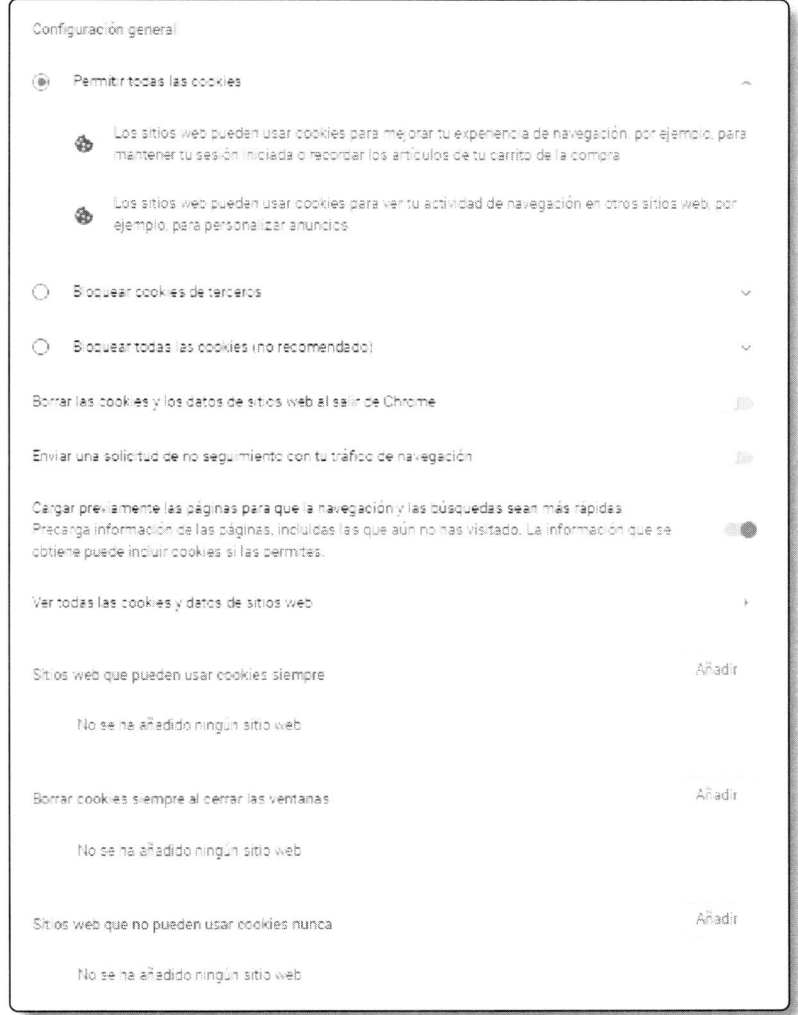

Como podemos observar, existen dos tipos de cookies:

- ▶ Cookies propias del sitio web

- ▶ Cookies de terceros que son creadas por otros sitios que forman parte del contenido de la página como pueden ser anuncios.

El usuario puede establecer qué dominios admite cookies, o incluso no admitir cookies de ningún sitio web.

Además, como cada navegador guarda las cookies de forma diferente, si el usuario cambia de navegador en un momento determinado, para el nuevo navegador no habría ninguna cookie guardada y debería comenzar desde un principio. Lo mismo ocurrirá si el usuario cambia de ordenador.

2.13 SESIONES EN PHP

Las sesiones sirven para almacenar información que se memorizará durante toda la visita de un usuario a un sitio web. Dicho de otra forma, un usuario puede ver varias páginas durante su paso por un sitio web y con sesiones podemos almacenar variables que podremos acceder en cualquiera de esas páginas.

A diferencia de las cookies, las sesiones se guardan en el servidor, no en el navegador del usuario, y se guardan mediante lo que se denominan variables de sesión y duran normalmente hasta que se termina de ejecutar el script, se cierra el navegador (no sólo la ventana) o se ejecuta el código que expresamente lo realiza. Si se necesitara almacenamiento permanente, ya tendríamos que recurrir a una base de datos.

Para iniciar o continuar una sesión se utiliza la función:

```
session_start();
```

Al igual que setcookie, lo primero que se hace es comenzar la sesión, incluso antes de la etiqueta DOCTYPE o HTML. Hay que tener en cuenta que habrá que iniciar la sesión en cada una de las páginas que contenga nuestro sitio web.

Las variables de sesión se guardan en el array asociativo $_SESSION, donde se accede a cada variable a través de su nombre:

```
$_SESSION["nombre_de_variable"]
```

Ejemplo:

```php
<?php
   session_start();
?>
<html>
   <body>
   <?php
   $_SESSION["Nombre"] = "Usuario";
//La variable Nombre tiene el valor Usuario
   ?>
   </body>
</html>
```

Para leer una variable de sesión se hace a través del mismo array asociativo $_SESSION en cualquier otra página del sitio web, teniendo en cuenta que hay que comenzar siempre la sesión.

```php
<?
   session_start();
?>
<html>
   <body>
   <?php
      echo "Hola" . $_SESSION["Nombre"];
   ?>
   </body>
</html>
```

Tan importante es abrir como cerrar una sesión, ya que debemos limpiar cualquier resto de información que pudiera quedar por cuestiones de seguridad. Para eliminar un valor de sesión se utiliza la función unset()

```
unset($_SESSION["Nombre"]);
```

En lugar de eliminar una a una las variables, podemos utilizar la función sesión_unset() que eliminará todas las variables de sesión:

```
session_unset();
```

pero con estas acciones no hemos finalizado la sesión, si el usuario cierra la sesión la función que tenemos que utilizar es session_destroy()

```
session_destroy();
```

La combinación ideal sería una aplicación web que maneje tanto cookies como sesiones. Las cookies recordarían el acceso del usuario si este apagase el ordenador y volviese a acceder y las sesiones o permitirían recordar al usuario si este cerrase el navegador, pero sí en el resto de circunstancias.

PROYECTO

Modificar los archivos del sitio web para crear una sesión de usuario.

2.14 ACCESO A ARCHIVOS

PHP dispone de una gran cantidad de funciones para el manejo de archivos y carpetas.

Lo primero que tenemos que hacer es comprobar si el fichero existe o no. Para ello, se utiliza la función **file_exists()**, que devolverá un valor booleano, TRUE si existe y FALSE si no es así.

Ejemplo:

```php
<?php
if( file_exists("archivo.txt") == true )
    echo "<p>El archivo existe</p>";
else
    echo "<p>El archivo no se ha encontrado</p>";
?>
```

2.14.1 Creación de ficheros

Los archivos se crean o abren mediante la función **fopen()**. Este requiere dos parámetros, el archivo que se quiere abrir y el modo en que se va a abrir el fichero, al añadir el signo + el archivo será de lectura/escritura. Los modos son:

- **r/r+**: abre el archivo en modo lectura, colocando el puntero al principio del mismo.

- **w/w+**: crea el archivo en modo escritura, colocando el puntero al principio. Si ya estuviera creado, borrará el contenido del mismo.

- **a/a+**: abre el archivo en modo escritura, colocando el puntero al final. Si el archivo no existe, lo crea.

- **x/x+**: abre el archivo en modo escritura con el puntero en el principio, con la diferencia que si el archivo existe, crea un mensaje de advertencia.

- **c/c+**: abre el archivo en modo escritura con el puntero en el principio, pero si el archivo existe no se elimina su contenido ni se devuelve un error.

```php
$archivo = fopen("fichero.txt", "w+");
/*Abre el archivo en modo lectura-escritura creándolo si no
existe y borrando la información si existiera.*/
```

2.14.2 Cierre de ficheros

Para cerrar el fichero se utiliza la función **fclose().** Aunque no es obligatorio, se recomienda siempre cerrar el archivo para que no haya errores.

Ejemplo:

```php
<?php
$archivo = fopen("fichero.txt", "w+");
if( $archivo == false )
   echo "Error al crear el archivo";
else
   echo "El archivo ha sido creado";
fclose($archivo);    //Cerrar el archivo
?>
```

Otro opción a tener en cuenta es la función rewind() que coloca el puntero en el principio del fichero para su posterior lectura y/o escritura.

```php
rewind($archivo);
```

2.14.3 Leer un archivo

Para leer un archivo se utilizar la función **fread().** Esta función guarda el contenido en una variable y tiene dos parámetros, el archivo a leer y la longitud que queramos leer:

```
$archivo = fopen("fichero.txt", "r+");
$ContenidoArchivo = fread($archivo, filesize($archivo));
//lee el archivo completo
```

Otra manera de leer el contenido de un archivo es utilizar la función **fgets()**, que lo hace es leer una línea desde el puntero. La lectura termina cuando se llegue hasta la longitud deseada, se llegue al final de la línea o del archivo.

```
$archivo = fopen("fichero.txt", "r+");
while (!feof($archivo)){
//mientras no sea fin de archivo (feof)
  $linea = fgets($archivo);    //lee una línea del archivo
  echo $linea;
//escribe la línea leida previamente
}
fclose($archivo);
```

Tambien existe la función **fgetss()** que es igual que fgets(), pero elimina etiquetas HTML y null del texto que lee.

Hay otras dos funciones **file(archivo)** abre el archivo y pone cada una de sus líneas en un array y **file_get_contents(archivo)** similar a file pero con la diferencia en que lo hace un único string.

```
$texto = file("fichero.txt");

$texto = file_get_contents("fichero.txt");
```

2.14.4 Escribir en el archivo

Para insertar texto en el archivo se utiliza la función **fwrite()**.

```php
<?php
$archivo = fopen("fichero.txt", "w+");
$texto = "Este es el texto que colocaremos en el fichero.";

if( $archivo == false )
   echo "Error al crear el archivo";
else{
   echo "El archivo ha sido creado";
   fwrite($archivo, $texto);
//escribimos el texto en el archivo
}
fclose($archivo);
?>
```

Una función muy interesante es crear un archivo con las opciones que el usuario ha escrito en un formulario para su posterior utilización, para ello se realizaría el siguiente código:

```php
<?php
$archivo = fopen("fichero.txt", "w+");
$texto = "";

if( $archivo == false )
   echo "Error al crear el archivo";
else{
   echo "El archivo ha sido creado";
   foreach ($_POST as $valor){
      $texto .= $valor . ";";
   }
   fwrite($archivo, $texto);
//escribimos el texto en el archivo
   echo "Archivo creado y escrito";
}
fclose($archivo);
?>
```

2.15 TRATAMIENTO DE ERRORES

La gestión de errores es uno más de los aspectos a considerar al desarrollar una aplicación web, se tiene que controlar que los errores no sean fatales, mostrando advertencias o mensajes de error para que los datos proporcionados por los usuarios estén dentro de lo esperado.

En PHP podemos encontrar, básicamente tres tipos de errores:

- **Errores fatales**: interrumpen la ejecución del código. Estos tipos de errores son guardados en E_ERROR

- **Errores Warning o Notice**: no interrumpen la ejecución, sólo son recomendaciones, avisos o advertencias, como por ejemplo cuando se quiere imprimir una variable a la que aún no se le ha dado valor. . Estos tipos de errores se guardan en E_WARNING y E_NOTICE

- **Errores de lógica**: se ejecuta completamente, pero el resultado no es el esperado.

Si está activa la opción **display_errors** en el fichero de configuración de PHP, php.ini, estos errores se mostrarán por pantalla.

Estos errores no son convenientes que sean vistos por el usuario, por lo que se suelen crear mensaje personalizados, aunque el método más habitual es manejar las excepciones que veremos en el siguiente apartado.

PHP proporciona la función **set_error_handler()** que recibe como parámetro la función que hemos creado para generar esos mensajes personalizados en cualquier parte de la aplicación para cada error, notificación o aviso.

```
set_error_handler(FuncionErrores)
```

Ejemplo:

```php
<?php
function ErrorAviso($no, $str, $file, $line) {
   echo "Encontrada aviso $no en $file, línea $line: $str\n";
}
function ErrorFatal($num, $str, $file, $line) {
   echo "Encontrado error $num en $file, línea $line: $str\n";
}
set_error_handler("ErrorAviso", E_NOTICE);
set_error_handler("ErrorFatal ", E_ERROR);
?>
```

2.16 EXCEPCIONES

El manejo de excepciones es algo diferente al manejo de errores. En el manejo de errores, tal como vimos en el apartado anterior, se puede utilizar la función set_error_handler para crear funciones propias de gestión de errores. Por lo general, estos tipos de errores son de difícil recuperación y detendrán la ejecución del programa.

Las excepciones, por el contrario, son lanzadas por el código, y capturadas en algún punto por lo que normalmente es posible la recuperación, sin la detención del programa, sino que continuará desde el punto en el que la excepción fue capturada.

Este mecanismo está compuesto por dos bloques de código (y un tercero opcional):

1. Bloque **try**: contiene el código conflictivo.

2. Bloque **catch**: contiene el bloque que se ejecuta si se dispara la excepción. Se pueden tener varios bloques catch dentro de un bloque try para capturar distintos tipos de excepción. Si no se define este bloque y se lanza la excepción, se provocará un error fatal.

3. Bloque **finally**: es un bloque no obligatorio, que se ejecuta siempre, independientemente de que se dispare la excepción, antes de continuar con el flujo del script.

Una excepción, al ser un objeto, tiene una serie de métodos disponibles:

- **getMessage()**: devuelve el mensaje de excepción.
- **getCode()**: devuelve el código de error.
- **getFile()**: devuelve el nombre del fichero que lanza la excepción.

Una excepción se lanza a través de la palabra reservada **throw**.Cuando se lanza, trata de buscar un bloque catch que lo capture. El código debe estar dentro de un bloque try para capturar las excepciones. El objeto lanzado debe ser siempre una instancia de la clase Exception, sino PHP emitirá un error fatal. Este objeto contendrá el mensaje de error que fue lanzado con throw.

Ejemplo:

```php
class Pruebas {
    public function division($a, $b){
        if($b === 0) {
            throw new Exception("División por cero ");
        }
        return $a / $b;
    }
}
try{
    $prueba = new Pruebas;
    $division = $prueba->division(10, 0);
    echo $division;
}
catch(Exception $e){
    echo $e->getMessage();
}
```

Podremos crear también subclases de la clase Exception para poder personalizar las diferentes excepciones que puedan ocurrir, como cualquier objeto, estas se crean utilizando la palabra **extends**.

```
Class MiExcepcion extends Exception{
}
```

Si utilizamos subclases, primero deberemos escribir las clausulas catch correspondiente a ellas y luego las más generales, ya que comprueba las excepciones por el orden en el que aparece, y si primero es la clase padre ya no comprobará los hijo de ella.

PROYECTO

Crear un sistema de tratamiento de errores para impedir que las páginas se bloqueen, sino que den el aviso del error correspondiente.

3

BASE DE DATOS

3.1 BASES DE DATOS

Normalmente, cuando trabajamos del lado del servidor, es utilizar los contenidos que estén alojados en una base de datos. Con lo que podremos organizar, actualizar y buscar cualquier información de una manera sencilla.

PHP admite la gran mayoría de las bases de datos, pero uno de los más utilizado es MySQL, que es una base de datos libre y gratuita.

MySQL ya viene integrado en el paquete XAMPP, que hemos instalado en el apartado anterior, por lo que no se necesitará realizar ninguna instalación adicional. Cuenta con la aplicación PhpMyAdmin que permite gestionar la base de datos fácilmente:

- crear, borrar y modificar tablas
- consultar, insertar, modificar y eliminar datos
- definir usuarios y asignar permisos
- realizar copias de seguridad

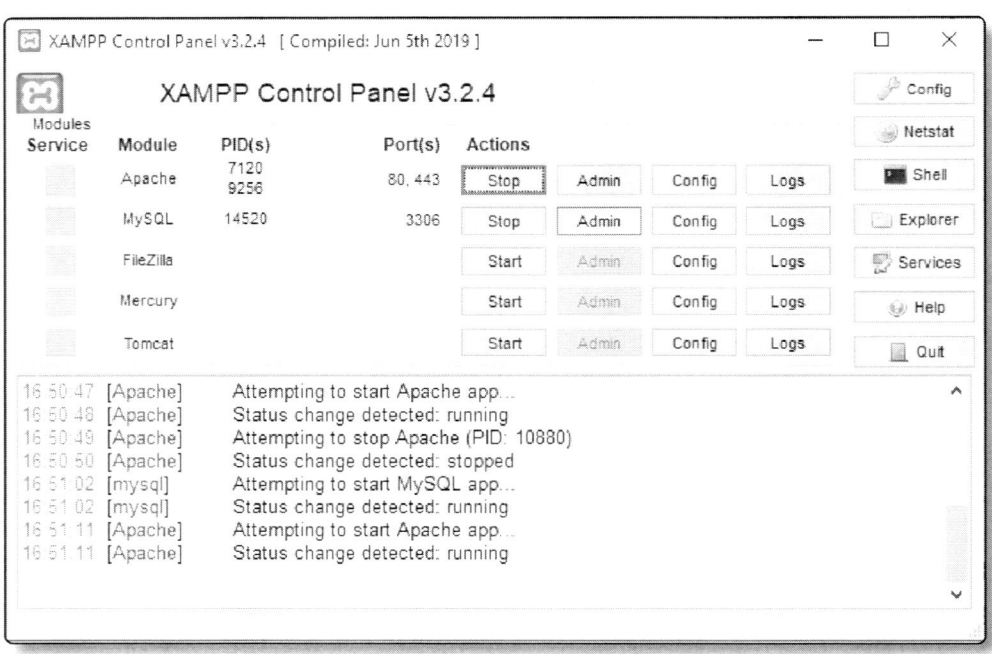

Para acceder a PHPMyAdmin, simplemente tenemos que pulsar sobre el botón Admin correspondiente a MySQL.

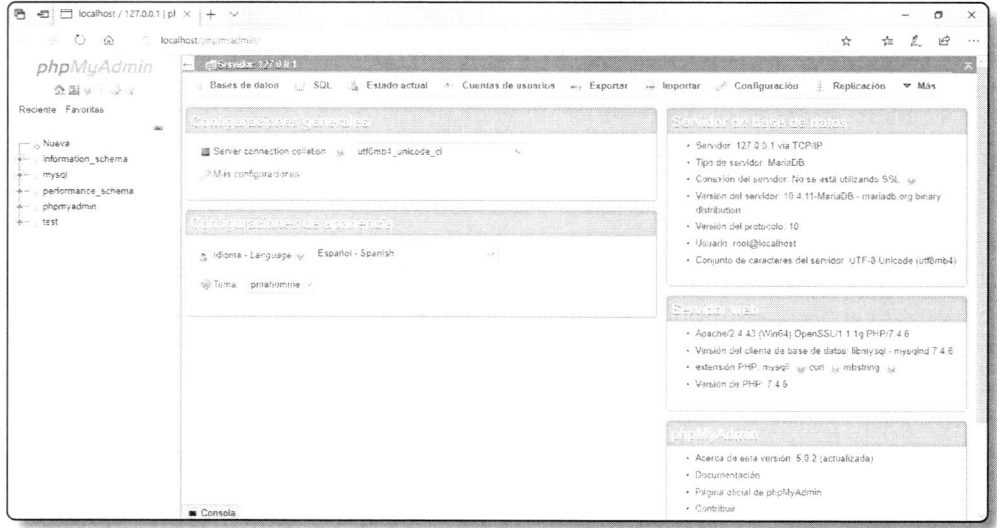

En la parte derecha encontramos información sobre el servidor MySQL, servidor web y la versión de phpMyAdmin.

En la parte central, se tienen las configuraciones generales, tales como el idioma y los juegos de caracteres que se utilizaran.

Y en la parte izquierda se muestran las bases de datos a las que se tienen acceso.

En la parte superior hay una serie de pestañas:

- **Base de datos**: listado de las bases de datos existentes. Pulsando sobre ella, se podrá acceder para su modificación.

- **SQL**: permite ejecutar consultas SQL en la base de datos seleccionada.

- **Importar/Exportar**: para la realización de importación/exportación de bases de datos

- Configuraciones varias

3.2 LA BASE DE DATOS DE EJEMPLO

Una **base de datos** es una colección de información organizada de forma que un programa pueda seleccionar rápidamente los fragmentos de **datos** que necesite.

Para crear una base de datos en PhpMyAdmin solo hay que:

- Escribir el nombre de la base de datos
- Se elige el juego de caracteres.

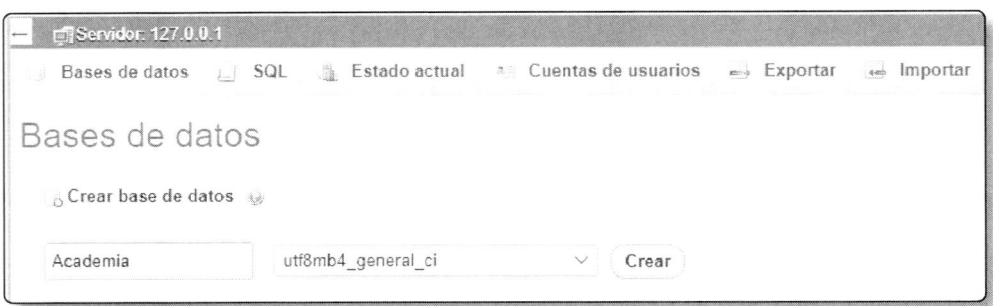

Al pulsar el botón **Crear**, se creará la base de datos.

Las bases de datos se organizan en **Entidades o tablas** y **relaciones** entre esas entidades. Las entidades son la representación de un objeto en la vida real (Alumnos, Clientes, Materiales,...). Las entidades se relacionan entre sí para generar el sistema de bases de datos.

3.2.1 Entidades o tablas

Existen dos tipos de entidades:

▸ **Entidad fuerte**: tiene significado por si misma. Por ejemplo, Clientes.
▸ **Entidad débil**: necesita a una entidad fuerte para existir. Por ejemplo, Pago-préstamo es una entidad que derivaría de la entidad Préstamo.

Además cada entidad tiene una serie de atributos que hay que definir con el tipo de dato correspondiente, por lo que se representa en forma de tabla.

Cada fila de una tabla representa un conjunto de datos relacionados, y todas las filas de la misma tabla tienen la misma estructura. A cada una de estas filas se les denomina **registro.**

Cada una de las columnas representa un tipo de dato o atributo y se le denomina **campo**.

Y a cada elemento, o celda de esa tabla, es un **dato**.

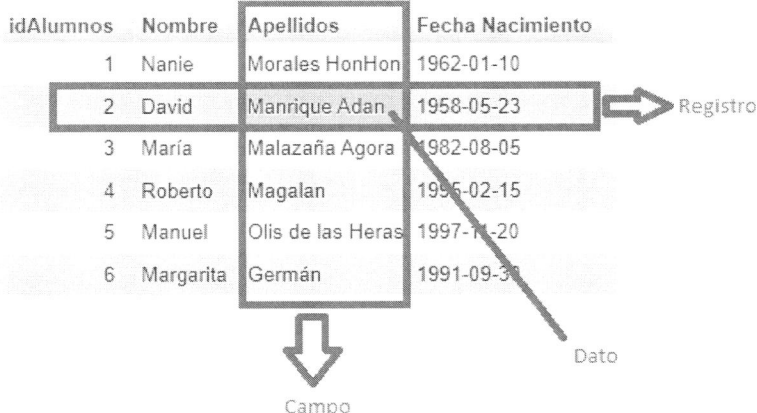

Para cada campo es necesario determinar el tipo de datos que va a contener, para ajustar el diseño de la base de datos, y conseguir un almacenamiento óptimo con la menor utilización de espacio, ya que se el servidor reserva el espacio indicado. Los tipos de datos que puede haber en un campo, se pueden agrupar en tres grandes grupos:

▶ **Tipos numéricos**: dentro de estos, tenemos dos grandes grupos:

- Enteros:

   - **TINYINT**: Utiliza 1 byte. Puede ser sin signo, cuyo rango será de 0 a 255, o con signo que irá desde -128 a 127.

   - **SMALLINT**: Utiliza 2 bytes. Con signo de -32.768 a 32.767 o sin signo de 0 a 65535.

   - **MEDIUMINT**: Utiliza 3 bytes. Con signo: -8.388.608 a 8.388.607 o sin signo de 0 a 16.777.215

   - **INT/INTEGER**: 4 bytes. De -2.147.483.648 a 2.147.483.647 o de 0 a 4.294.967.295

   - **BIGINT:** 8 bytes. De -9.223.372.036.854.775.808 a 9.223.372.036.854.775.807 o de 0 a 18.446.744.073.709.551.615

- Decimales:

  - **FLOAT:** 4 bytes. Decimal con precisión simple.

  - **DOUBLE**: 8 bytes. Decimal con precisión doble.

▶ **Tipos de Fecha:** hay que tener en cuenta que Mysql no comprueba de una manera estricta si una fecha es válida o no. Simplemente comprueba que el mes está comprendido entre 0 y 12 y que el día está comprendido entre 0 y 31.

  - **DATE**: 3 bytes. El rango de valores va desde el 01 de enero de 1001 al 31 de diciembre de 9999. El formato es AAAA-MM-DD

  - **DATETIME**: 8 bytes. Combinación de fecha y hora. Comprende del 1 de enero de 1001 a las 0 horas, 0 minutos y 0 segundos hasta el 31 de diciembre de 9999 a las 23 horas, 59 minutos y 59 segundos. El formato es AAAA-MM-DD HH:MM:SS

  - **TIMESTAMP**: Representa un momento determinado, combinando fecha y hora. El formato depende del tamaño del campo.

  - **TIME**: 3 bytes. El rango de horas va desde -838:59:59 a 838:59:59.

  - **YEAR**: El rango de valores va desde 1901 a 2155. El campo puede tener 2 o 4 bytes dependiendo de si vamos a almacenar el año con 2 o 4 dígitos. Es recomendable hacerlo con 4.

▶ **Tipos de Cadena**:

  - **CHAR(n)**: n bytes. Cadena de longitud fija. 255 caracteres de longitud máxima.

  - **VARCHAR(n)**: n+1 bytes. Cadena de longitud variable. 255 caracteres de longitud máxima.

  - **TINYBLOB/TINYTEXT**: n+1 bytes. Texto de 255 caracteres máximo.

- **BLOB/TEXT**: n+2 bytes. Texto de 65535 caracteres como máximo.

- **MEDIUMBLOB/MEDIUMTEXT**: n+3 bytes. Texto de 16.777.215 caracteres como máximo

- **LONGBLOB/LONGTEXT**: n+4 bytes. Texto de 4.294.967.295 caracteres como máximo.

- **ENUM ("valor1","valor2"...)**: Campo con un valor de la lista que se especifica. Esta lista puede tener hasta 65535 valores.

- **SET ("valor1", "valor2", ...)**: Campo que puede contener 0, uno o varios valores de la lista. Esta lista puede tener hasta 64 valores.

Por tanto, el paso posterior en PhpMyAdmin a crear una base de datos, es crear las tablas con sus campos y tipos de datos que pertenecerán a esa base de datos. Para crearla o modificarla posteriormente, utilizaremos la pestaña **Estructura**.

Primero pondremos el nombre que queremos darle a la tabla, y la cantidad de columnas o campos que va a contener, aunque este es una referencia opcional a la que podemos añadir las que sean necesarias.

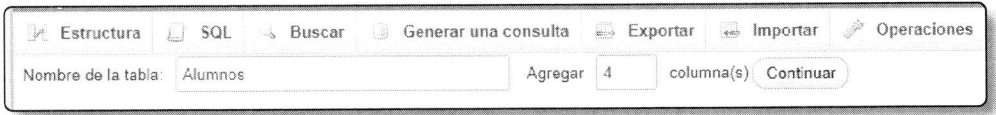

A continuación, iremos creando cada campo, definiendo primero el nombre y el tipo de dato que se utilizará, eligiendo siempre alguno de los tipos especificados anteriormente.

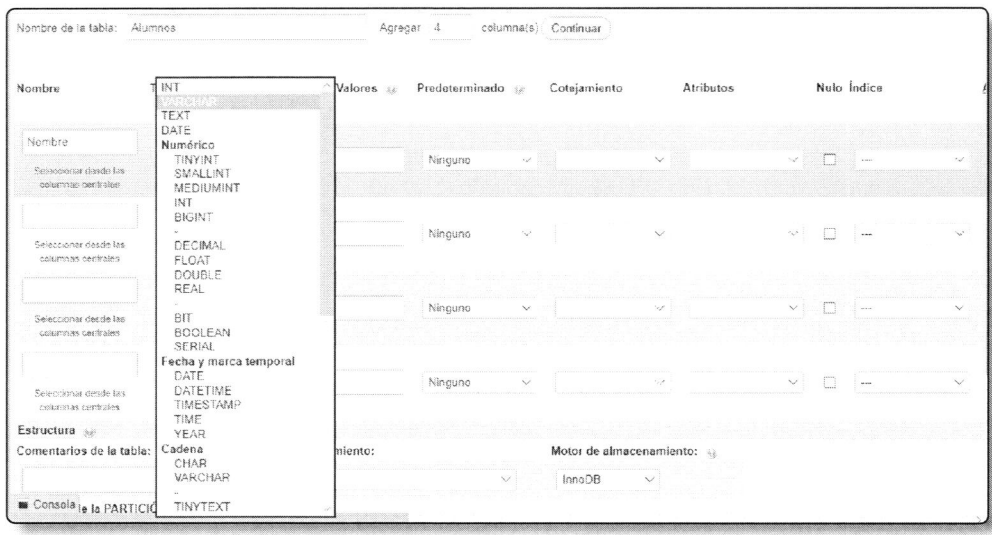

☞ **Longitud/Valores**: cantidad máxima de caracteres que va a contener el campo.

☞ **Predeterminado**: valor por defecto que tendrá el campo, aunque luego se puede cambiar:

- **Personalizado**: con el valor que se quiera, por ejemplo, si es nacionalidad, por ejemplo, sabemos que el 90% será española, con lo que nos ahorrará escribir cada uno de los datos.

- **NULL**: el campo por defecto tendrá valor nulo.

- **CURRENT_TIMESTAMP**: pondrá la fecha actual.

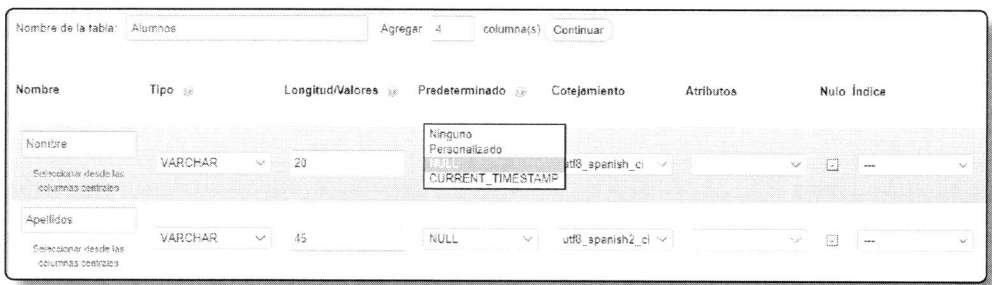

▼ **Cotejamiento:** el conjunto de caracteres que utilizará la tabla.

▼ **Atributos:** estos pueden ser:

- **Binary:** se utiliza en CHAR o VARCHAR y afecta en el ordenamiento de los datos: en vez de ser indiferentes a mayúsculas y minúsculas, un campo BINARY se ordenará teniendo en cuenta esta diferencia, por lo cual, a igualdad de letra, primero aparecerán los datos que contengan esa letra en mayúsculas.

- **Unsigned:** sin signo

- **Unsigned Zerofilled:** sin signo relleno de ceros a la izquierda hasta completar su longitud

- **On Update Current_Timestamp:** fecha y hora del servidor en el momento de crear el dato.

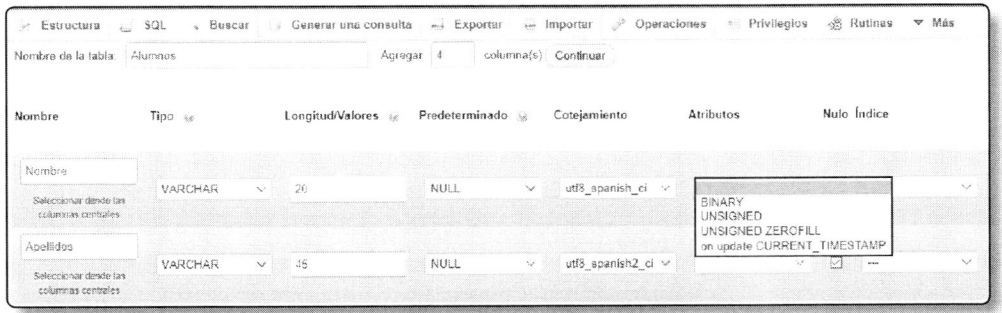

▼ **Nulo:** Define si el valor del campo puede ser NULL

El modelo entidad - relación exige que cada tabla tenga un identificador, se trata de un atributo o conjunto de atributos que identifican de forma única a cada uno de los ejemplares de la entidad. De tal forma que ningún par de ejemplares de la entidad puedan tener el mismo valor en ese identificador. Un ejemplo claro de este tipo de identificador es el DNI.

Estos identificadores reciben el nombre de clave principal o primaria. Se puede dar el caso de que este no sea único, por lo que estos se pasan a denominar claves candidatas, por ejemplo, si no tuviésemos el DNI, y escogiéramos nombre+apellidos+fecha nac, aunque no es recomendable, es preferible crear un campo, habitualmente autonumérico, que vaya asignado a cada dato un valor único. Esto lo utiliza cuando se crea número de cliente, por ejemplo.

En PhpMyAdmin, este identificador se establece indicando en índice que el campo correspondiente es clave primaria.

➤ **Indice:**

- **Primary:** clave primaria. En el momento que activemos esta opción nos aparecerá la opción para que sea también un índice

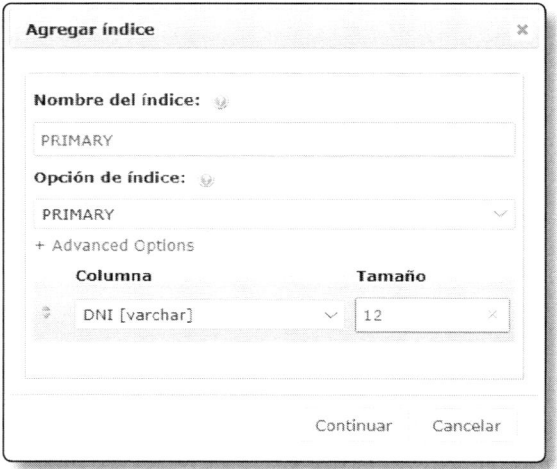

- **Unique**: significa que el campo no se puede repetir

- **Index:** índice para mejorar la búsqueda. Es similar al índice de un libro, el campo nos lleva a una posición determinada en la base de datos.

- **Full text:** crea un índice que agiliza la búsqueda en campos de texto. Si en un campo de tipo TEXT creamos un índice de tipo FULLTEXT, MySQL examinará el contenido de este campo palabra por palabra, permitiendo hacer búsquedas de palabras contenidas dentro del campo.

- **Spatial:** ste tipo de índices solo puede usarse sobre columnas de datos geométricos (spatial) y en el motor MyISAM

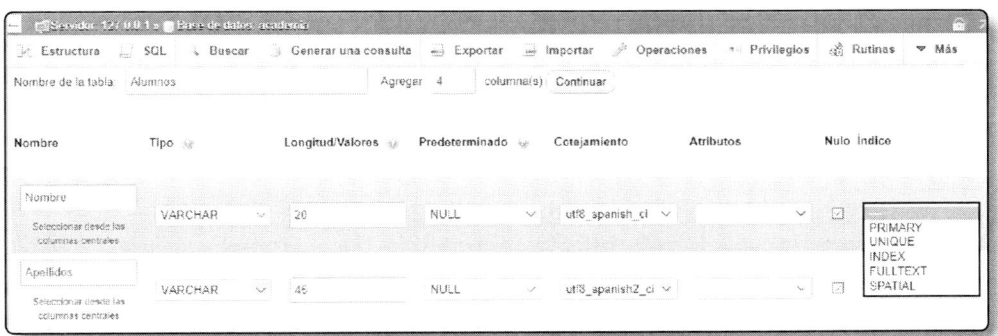

▷ **AI:** Autoincremental, se utiliza para crear un entero que se incremente automáticamente.

3.2.2 Relaciones

Una vez que tengamos todas las tablas necesarias para la base de datos, debemos relacionarlas entre sí para que sea un conjunto funcional. Las relaciones son la base fundamental para crear base de datos relacionales. Para realizar estas relaciones se utilizan las claves primarias.

▷ **Relación uno a uno (1:1)**: cuando un registro de la entidad 1 solo se relaciona con un registro de la entidad 2. Como ejemplo, tenemos un usuario con su perfil de twitter. Ese usuario sólo puede tener un perfil y el perfil sólo puede pertenecer a un usuario. Para crear este tipo de campos ambos deben ser clave primaria o, por lo menos, elementos únicos en la tabla.

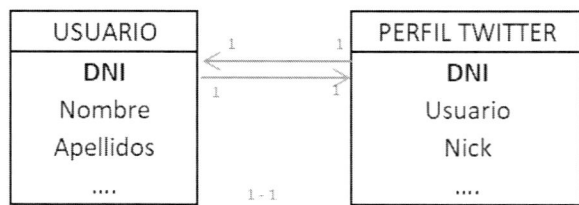

▶ **Relación uno a muchos (1:N)**: un registro de la entidad 1 se relaciona con múltiples registros de la entidad 2. Por ejemplo, un cliente puede tener muchas facturas, pero la factura pertenece a un único cliente. En este caso el proceso es crear un campo adicional, llamado clave secundaria, con exactamente el mismo tipo de dato que la clave principal con la que se quiere relacionar, con la diferencia que no será clave principal ni única, para que en la tabla facturas el DNI se pueda repetir todas las veces que sea necesario. No es necesario que lleven el mismo nombre, aunque por facilidad a la hora de relacionarlas, se suele hacerlo.

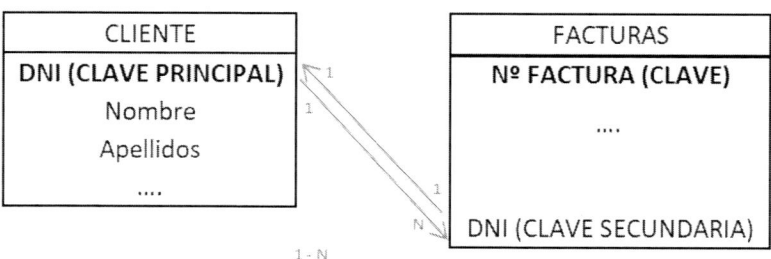

▶ **Relación muchos a muchos (N:M)**: muchos registros de la entidad 1 se relacionan con múltiples registros de la entidad 2. Como ejemplo, un autor puede escribir muchos libros, y un libro puede tener varios autores. Estas relaciones no pueden ser llevadas a cabo con simples claves foráneas ya que necesitaríamos una por cada registro, cosa completamente inviable. Para este tipo de relaciones debemos crear una tercera tabla, conocida como **tabla intermedia**. Estas tablas deben contener como mínimo dos campos, que harán referencia a las claves primarias de sus respectivas tablas.

Dentro de estas relaciones entrarían las opciones de (0:?) es decir, que uno o varios registros puedan relacionarse con otro o no.

Para reflejar estas acciones en PhpMyAdmin, teniendo creadas evidentemente la(s) clave(s) secundarias correctamente en las tablas correspondientes, pulsamos sobre Vista de Relaciones de la pestaña Estructura.

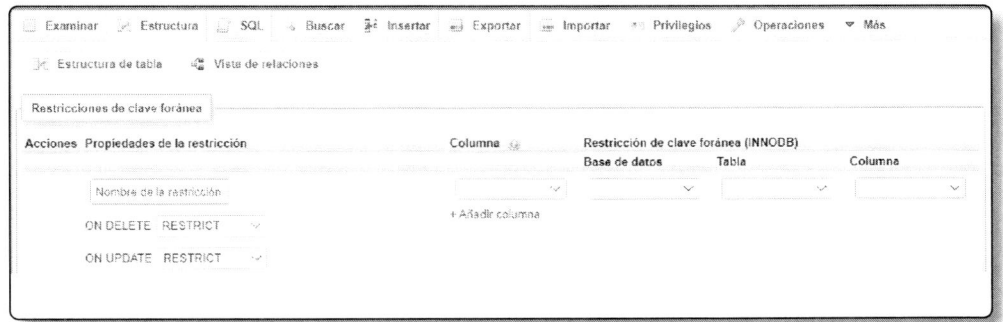

Ejemplo:

Tabla Cliente:

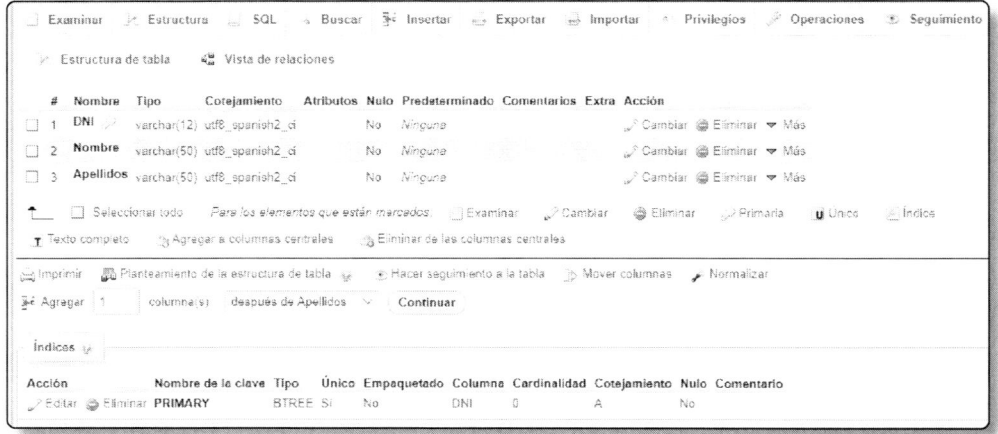

Cuando establecemos que DNI es la clave primaria mediante PRIMARY es Estructura podemos comprobar que aparece una llave que lo indica.

Tabla Facturas:

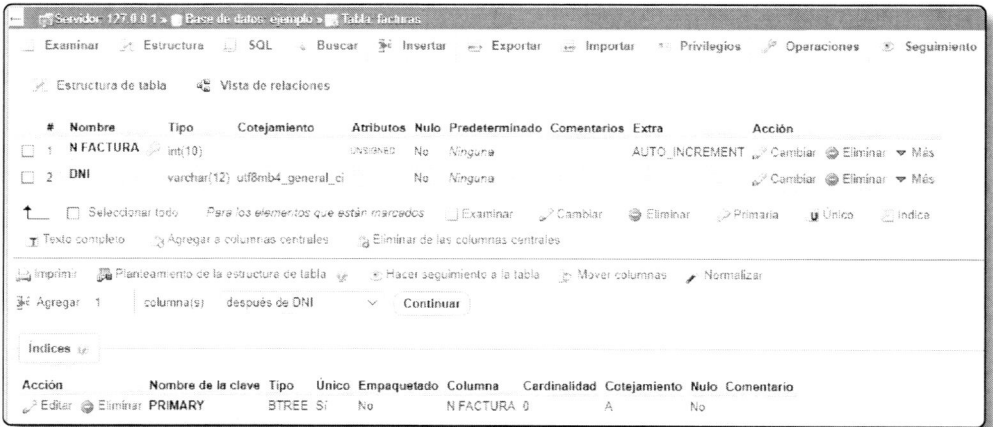

Esta tabla tiene como clave principal N Factura como un entero sin signo autoincremental, es decir, comenzando por cero irá dando un número en orden secuencial ascendente.

Para relacionar estas dos tablas, lo que tenemos es que vincular la clave secundaria de la tabla dependiente(N) con la clave primaria de la tabla dominante (1).

Siguiendo con el ejemplo, desde la tabla Facturas, abrimos la opción Vista de relaciones y seleccionar la columna DNI, y elegir de la base de datos y tabla que queremos enlazar.

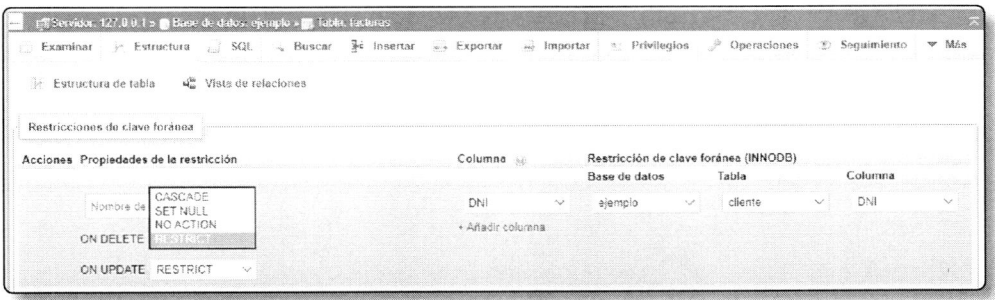

Existen dos opciones a la hora de relacionar ambas tablas:

- **ON DELETE:** cuando se elimina un campo principal que se hace con el secundario. En el ejemplo, es qué haríamos en el caso que se elimine un DNI de un cliente

- **ON UPDATE:** cuando se actualiza un dato de un campo principal.

En ambos casos podemos realizar cuatro acciones:

- **Cascade:** eliminará/modificará en cascada, es decir, todos los datos que se encuentren en los secundarios. Esta suele ser la habitual ya que al cambiar una cambiará todos los que aparezcan.

- **Set null:** establecerán los datos secundarios como nulos.

➤ **No action:** no realizará ninguna acción.

➤ **Restrict:** con restricciones, al igual que no action.

El nombre de la restricción suele comenzar por fk (de foreign key) y a continuación el nombre de la relación, por ejemplo con la opción de cliente-factura, podríamos utilizar fk-DNI que será el campo que se utilizará para relacionar ambas tablas.

Al crear las relaciones, lo que se hará es dar coherencia a los datos de las tablas. Por ejemplo, no podremos crear facturas a clientes que no existen en la base de datos.

Una vez definidas las tablas y sus relaciones, podemos insertar datos utilizando la pestaña Insertar.

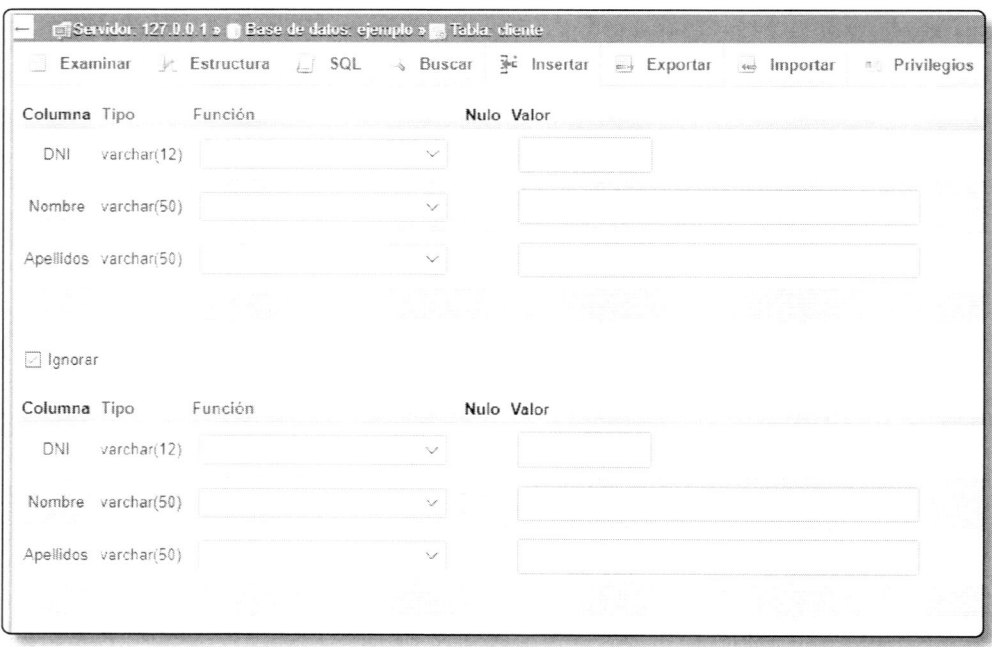

Los datos a insertar los escribiremos en la columna "Valor", para cada uno de los campos. La columna "Función" no se utiliza a no ser que queramos hacer algun tipo de operación con los datos que insertamos.

Normalmente, no seremos nosotros quienes hagamos este trabajo, pero siempre necesitaremos datos de ejemplo para comprobar que todo está correcto en la base de datos.

PROYECTO

Crearemos una base de datos que tendrá tres tablas:

▹ **Productos**: con los datos característicos de los mismos.

▹ **Usuarios**: con los datos característicos de los mismos.

▹ **Pedidos**: será una tabla intermedia entre usuarios y productos, ya que un usuario realizará muchos productos, pero ese pedido (por su número) sólo pertenecerá a un usuario.

Realizaremos también las relaciones entre ellas.

3.3 EL LENGUAJE SQL

SQL (Structured Query Lenguage) es un lenguaje estándar e interactivo que brinda la posibilidad de realizar consultas para recoger o trabajar con los datos en las bases de datos relacionales.

El lenguaje SQL está compuesto por comandos, cláusulas, operadores y funciones de agregado. Estos elementos se combinan en las instrucciones para crear, actualizar y manipular las bases de datos.

Lo normal es escribir las consultar SQL directamente dentro del código PHP de la aplicación que estamos desarrollando, pero para ir comprobando cómo funciona sin mezclarlo, utilizaremos la opción SQL de PHPMyAdmin.

Existen tres tipos de comandos SQL:

▹ **DLL (Data Definition Language)**: permite crear y definir nuevas bases de datos, campos e índices

▸ **DML (Data Manipulation Language)**: permite crear consultas para ordenar, filtrar y extraer los datos de las bases de datos.

▸ **DCL (Data Control Language)**: permite definir los permisos sobre los datos.

3.3.1 Lenguaje de definición de datos (Data Definition Language DLL)

Aunque este es más sencillo de realizar mediante PhpMyAdmin, existen comandos específicos para la creación y modificación de bases de datos, como son:

▸ **CREATE**: crea un objeto dentro del gestor de base de datos. Puede ser una base de datos, tabla, índice, procedimiento almacenado o vista.

- **CREATE DATABASE**: crea una nueva base de datos vacía. Para poder utilizarla a continuación usaremos la clave USE

```
CREATE DATABASE mydb;
USE mydb;
```

- **CREATE TABLE:** crea la nueva entidad o tabla.

```
CREATE TABLE Cliente ( id INT PRIMARY KEY, nombre
VARCHAR(20) );
```

▸ **DROP:** elimina completamente una base de datos o una tabla existente

```
DROP TABLE Cliente;
DROP DATABASE mydb;
```

▸ **ALTER TABLA:** modifica una tabla agregando/quitando campos, cambiando el tipo de un campo, etc.

```
ALTER TABLE Cliente ADD Apellidos VARCHAR(30);
```

3.3.2 Lenguaje de Manipulación de datos (DML - Data Manipulation Language)

En este lenguaje se engloban los comandos para la manipulación de datos. Los principales son:

SELECT

Consulta registros que satisfagan unos determinados criterios. La sintaxis general será:

```
SELECT Campos FROM Tabla;
```

Ejemplo:

```
SELECT Nombre, Apellidos FROM Cliente;
```

Estas consultas se realizan en la pestaña SQL, que tiene formas de ayuda, como haciendo doble clic sobre el nombre del campo ubicado a la derecha, automáticamente lo escribirá detrás de select.

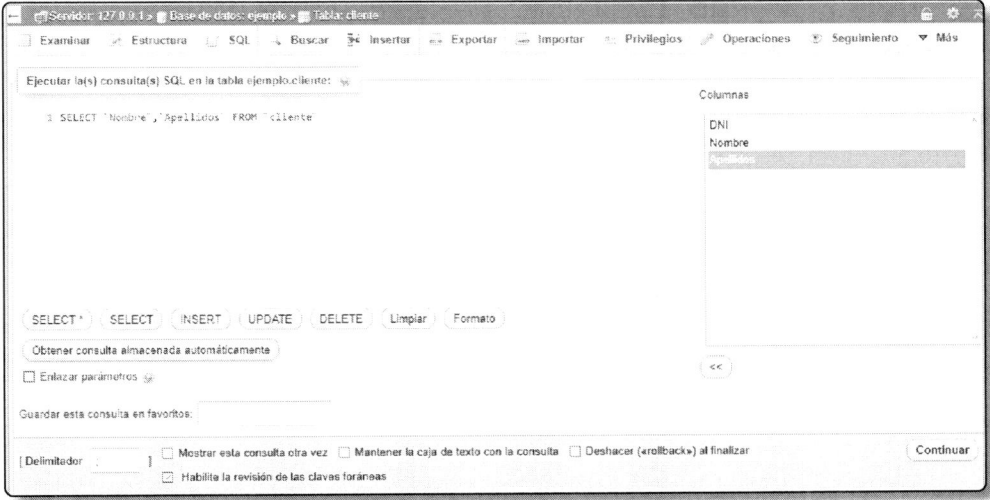

Si pulsamos en continuar, nos mostrará en resultado de la consulta

Si queremos que se muestren todos los campos, se pueden utilizar la opción * en lugar de poner todos los campos.

```
SELECT * FROM Tabla;
```

Se puede ordenar la visualización de los registros de las tablas mediante la cláusula **ORDER BY**:

```
SELECT * FROM Cliente ORDER BY Apellidos;
```

incluso por más de un campo:

```
SELECT * FROM Cliente ORDER BY Apellidos, Nombre;
```

Además de poder indicar si el orden de los registros será ascendente mediante la cláusula (**ASC** -se toma este valor por defecto) o descendente (**DESC**):

```
SELECT * FROM Cliente ORDER BY Apellidos DESC, Nombre ASC;
```

La más utilizada es la claúsula **WHERE** que permite realizar criterios de selección.

```
SELECT * FROM Cliente WHERE Edad>18;
```

A estos criterios de selección se le pueden añadir operados lógicos para realizar condiciones. Estos son:

▰ **AND:** operador Y, debe cumplir ambas condiciones.

```
SELECT * FROM Cliente WHERE Edad > 18 AND Edad < 65;
```

▰ **OR:** operador O, basta con que cumpla una de las condiciones.

```
SELECT * FROM Cliente WHERE Edad < 18 OR Edad > 65;
```

▰ **NOT:** negación de esa condición

```
SELECT * FROM Cliente WHERE NOT Nombre = "Juan";
```

▰ **BETWEEN**: establece un intervalo de valores donde se cumplan las condiciones.

```
SELECT * FROM Cliente WHERE Edad BETWEEN 18 AND 65;
```

▰ **LIKE**: cumple que una cadena es parte del campo que se quiere seleccionar.

```
SELECT * FROM Cliente WHERE Nombre LIKE "Juan";
```

▶ **IN**: cuando coincide entre alguno de los indicados en la lista.

```
SELECT * FROM Cliente WHERE Provincia IN
("Cádiz","Sevilla");
```

Además, se pueden hacer agrupamiento de registros, para que nos dé un resultado, como puede ser:

▶ **AVG**: devuelve la media aritmética del conjunto de valores especificados en la consulta.

```
SELECT AVG(Edad) FROM Cliente;
```

▶ **MAX**: devuelve el máximo del conjunto de valores especificados en la consulta.

```
SELECT MAX(Edad) FROM Cliente;
```

▶ **MIN**: devuelve el mínimo del conjunto de valores especificados en la consulta.

```
SELECT MIN(Edad) FROM Cliente;
```

▶ **SUM**: devuelve la suma del conjunto de valores especificados en la consulta.

```
SELECT SUM(Edad) FROM Cliente;
```

▶ **COUNT**: devuelve la cuenta del conjunto de valores especificados en la consulta

```
SELECT COUNT(Nombre) FROM Cliente;
```

Cuando se utiliza alguna de las funciones anteriores es conveniente utilizar un **alias** al resultado de la misma. Para dar ese nombre a la función se utiliza la palabra AS

```
SELECT Nombre, Apellidos, MAX(Edad) AS Mayor FROM Cliente;
```

Estas funciones suelen ser muchos más eficaces si se agrupan.

```
SELECT DNI, COUNT(NFACTURA) AS cantidadfacturas FROM Facturas
GROUP BY DNI;
```

Para aplicar criterios de selección a estos "grupos", no se puede utilizar la opción WHERE, ya que no afecta a los valores agrupados, en cambio se utilizará la opción HAVING.

Ejemplo:

```
SELECT DNI, COUNT(NFACTURA) AS cantidadfacturas FROM Facturas
GROUP BY DNI
HAVING DNI="11111111";
```

Lo habitual es que queramos utilizar este tipo de consultas con datos de más de una tabla de la base de datos para darnos una mayor información.

Ejemplo:

```
SELECT * FROM Cliente, Facturas;
```

Si queremos indicar expresamente de qué tabla es el campo que queremos utilizar, colocamos el nombre de la tabla seguido del nombre del campo separados por un punto.

Ejemplo:

```
SELECT Cliente.DNI, Facturas.NFactura FROM Cliente, Facturas 
WHERE Cliente.DNI="1111111";
```

Utilizando el editor de consultas de PhpMyAdmin, también nos ayuda, desplegando la lista para poder elegir las opciones:

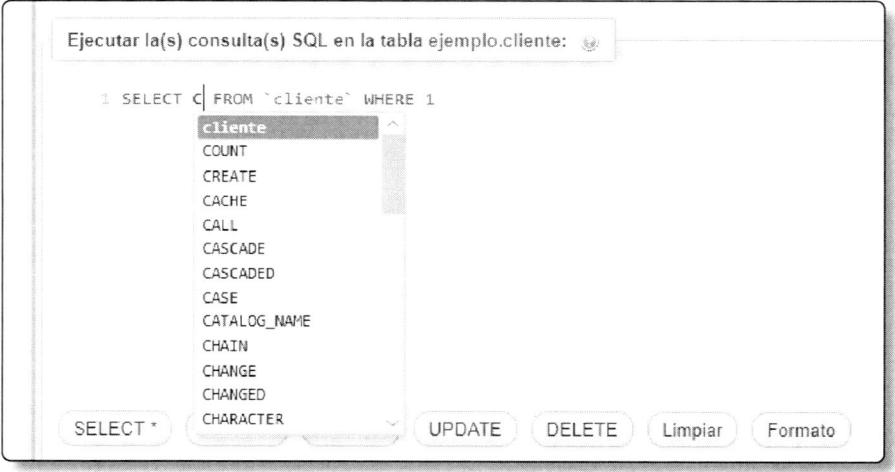

La sentencia SQL JOIN se utiliza específicamente para relacionar varias tablas. Nos permitirá obtener un listado de los campos que tienen coincidencias en ambas tablas.

Ejemplo:

Repitiendo el ejemplo anterior, la forma de unir las dos

```
SELECT cliente.DNI, Facturas.NFactura FROM cliente JOIN facturas
ON cliente.DNI=facturas.DNI
WHERE Cliente.DNI="1111111";
```

Hay que considerar que las consultas se pueden complicar tanto como necesitemos, incluso pudiendo utilizar **subconsultas** si es necesario para conseguir obtener los datos exactos.

Ejemplo:

```
SELECT DNI, Apellidos FROM cliente
WHERE Cliente.DNI NOT IN (SELECT DNI FROM Facturas);
```

INSERT

INSERT agrega uno o más registros a una tabla de la base de datos. Los campos y los valores deben ser iguales y seguir el orden determinado. Si algún campo no se especifica se pondrá su valor por defecto. Si ocurre algún error, bien de sintaxis o si se viola alguna restricción, devuelve un error. Hay que tener en cuenta que un campo autoincremental no se debe incluir, ya que el valor se generará automáticamente.

Ejemplo:

```
INSERT INTO Facturas (DNI, NFactura) VALUES ("11111111");
```

UPDATE¶

UPDATE modifica los valores de un conjunto de registros existentes en una tabla.

Ejemplo:

```
UPDATE Cliente SET nombre = "Francisca" WHERE DNI = "11111111";
```

DELETE¶

DELETE borra uno o más registros existentes en una tabla.

Ejemplo:

```
DELETE FROM Cliente WHERE DNI = "11111111";
```

Tanto con UPDATE como DELETE hay que tener muy en cuenta de utilizar correctamente la cláusula WHERE , ya que si no se puede hacer un verdadero desastre en la base de datos. La recomendación es crear primero la cláusula SELECT y cuando comprobamos que es correcto el resultado, cambiar la instrucción.

PROYECTO

Crear una consulta que muestre los productos ordenados por precio.

3.4 ACCEDER A LA BASE DE DATOS

Una vez creada la base de datos, necesitaremos utilizar PHP para acceder y/o modificar su información.

Lo primero que tenemos que hacer es realizar la conexión entre PHP y el servidor de base de datos. Para esto se utiliza la clase mysqli de PHP con la siguiente sintaxis:

```
$mysqli = new mysqli(servidor, usuario, contraseña, base de datos);
```

- ▼ **Servidor**: nombre del servidor (localhost en el caso de servidor local) o la dirección IP (127.0.0.1 en el caso local).

- ▼ **nombre de usuario**: por defecto suele ser root.

- ▼ **password**: contraseña correspondiente al nombre de usuario ingresado anteriormente, si no tiene se deja en blanco con "".

- ▼ **Base de datos**: Opcional. Si se coloca, abrirá la base de datos indicada, aunque se puede abrir o crear posteriormente.

Ejemplo:

```php
<?php
$conexion = new mysqli("localhost", "root", "");
If ($mysqli->connect_error) {
//comprueba que no ha habido error
   die("Error de Conexión (".$mysqli->connect_errno.").$mysqli->connect_error);
//numero y descripción del error
}
else echo "Realizando la conexión <br>";
echo "Éxito... " . $mysqli->host_info . "\n";
….
$mysqli->close();
?>
```

Hay que tener en cuenta que cuando no trabajemos en local, se deberán modificar estas opciones según las instrucciones del proveedor de servicios. Por ello muchas veces es conveniente tener los datos del mismo en un archivo PHP que se podrá incorporar mediante la opción include o require.

```php
<?php
require_once("DatosConexion.php");
$mysqli = new mysqli($servidor, $usuario,$contraseña);
….
?>
```

A continuación se utiliza el lenguaje SQL para crear, consultar o manipular la información de la base de datos correspondiente.

Si la base de datos ya está creada y queremos abrirla, podemos utilizar la propia opción de mysqli:

```php
$mysqli = new mysqli($servidor, $usuario,$contraseña,NombreBD);
```

O bien, se puede utilizar la opción select_db(Base de datos):

```php
$mysqli->select_db(NombreBD);
```

Si lo que nos interesa es crear desde PHP utilizando el comando SQL correspondiente:

```php
$sql = "CREATE DATABASE Ejemplo";
$result = $mysqli->query($sql);
```

Como siempre es conveniente comprobar que la base de datos se ha creado correctamente, esto se puede realizar con un if:

```
if($result){
   echo "Base de datos creada";
}
else{
   echo "ERROR: No se ha podido ejecutar." . mysqli_
error($mysqli);
}
```

Si no ha habido problemas, la base de datos se creará en la ubicación Xampp/mysql/data.

Una vez seleccionada la base de datos, se utilizan los comandos de SQL para la manipulación o selección de datos. Esto se realiza mediante el método query, que se limitará a ejecutar la consulta que se indica entre comillas.

Ejemplo:

```
$sql="SELECT * FROM Cliente, Facturas";
$result=$mysqli->query($sql);
if ($result){
   echo "<br> Valores seleccionados correctamente";
}
….
$sql="INSERT INTO Facturas (DNI, NFactura) VALUES ("11111111");
$result=$mysqli->query($sql);
if ($result){
   echo "<br> Valores insertados correctamente";
}
….
$sql2="UPDATE Cliente SET nombre = "Francisca" WHERE DNI =
"11111111";";
$result=$mysqli->query($sql2);
if ($result){
   echo "<br> Valores actualizados correctamente";
}
```

```php
$sql3="DELETE FROM Cliente WHERE DNI = "11111111";";
$result=$mysqli->query($sql3);
if ($result){
   echo "<br> Valores eliminado correctamente";
}
…
$mysqli->close();
```

Es conveniente cerrar siempre la base de datos al finalizar el proceso para liberar recursos mediante el método close. No es obligatorio, y, si no se utiliza, antes o después PHP se encargará de cerrar la base de datos.

Normalmente, los valores no estarán escritos en el código, sino que será el usuario el insertará los datos en la base de datos, habitualmente a través de un formulario creado en la página web. Por tanto, siguiendo el ejemplo de cliente, tendremos el formulario en HTML:

```html
<form action="insertar.php" method="post">
   DNI: <input type="text" name="DNI" />
   Nombre:<input type="text" name="Nombre"/>
   Apellidos: <input type="text" name="Apellidos"/>
   <input type="Submit" />
</form>
```

Al pulsar sobre el botón Enviar, se ejecutará el archivo insertar.php que contendrá el código de inserción de datos:

```php
<?php
require_once("DatosConexion.php");
$DNI=$_POST["DNI"];
$Nombre=$_POST["Nombre"];
$Apellidos=$_POST["Apellidos"];
$mysqli = new mysqli($servidor, $usuario,$contraseña,"BaseDatos");
```

```php
$sql="INSERT INTO Cliente ("DNI", "Nombre", "Apellidos") VALUES
("$DNI","$Nombre","$Apellidos")";
$mysqli->query($query);
$mysqli->close();
?>
```

La siguiente opción que se nos puede plantear es listar una selección de campos de una o varias tablas de la base de datos, el comando que se utilizará es SELECT. El código debe ser algo similar a:

```php
<?php
require_once("DatosConexion.php");
$mysqli = new mysqli($servidor, $usuario,$contraseña,"BaseDat
os");
$sql="SELECT * FROM Cliente";
$result=$mysqli->query($sql);
//result obtiene el array respuesta de la selección
$Numero=$mysqli->mysqli_num_rows($result);
//cantidad de filas de la selección
$mysqli->close();
for ($ i=0; $i<$Numero; $i++){
//para que recorra todas las filas de la consulta
    $DNI=mysql_result($result,$i,"DNI");
    $Nombre=mysql_result($result,$i,"Nombre");
    $Apellidos=mysql_result($result,$i,"Apellidos");
    echo "$DNI $Nombre $Apellidos <br>";
}
?>
```

De esta manera, mediante el bucle for irá mostrando en la página cada uno de los campos seleccionados. Para este ejemplo no se ha tenido en cuenta la presentación ni para el formulario ni para la presentación de los datos, que deberá ser añadido para darle una mejor presentación a la página.

También debemos tener en cuenta que las consultas que utilicemos pueden ser tan complejas como deseemos como hemos analizado en el apartado anterior, dando un gran potencial a estas opciones.

PROYECTO

Modificar los archivos php para acceder a la base de datos creada.

3.5 BUSCANDO MÁS FUNCIONALIDAD

Aunque podemos realizar mediante query cualquier consulta que deseemos, podemos querer que la página web me indique los campos a mostrar o bien el orden que queremos reflejar, por ejemplo en el caso de la gran mayoría de las páginas de comercio electrónico, donde podemos seleccionar por precio, nombre o valoración.

Esto lo podemos hacer en el mismo formulario añadiendo otro campo de nombre "orden" mostrado como lista desplegable, para que se pueda seleccionar entre las opciones que se muestran, luego tendremos que comprobar que orden se ha elegido y si no se ha elegido ninguno se deja el orden a través de la clave principal:

```
if (isset($_POST["orden"])){
    $orden = $_GET["orden"];
}
else
    $orden = "DNI";
```

Luego pondremos la cláusula en la consulta:

```
$sql="SELECT * FROM Cliente ORDER BY $orden";
```

Existen muchas más opciones de la clase mysqli, ya que es la clase que conecta y manipula las bases de datos MySQL con PHP, aunque aquí detallaremos algún método más, la lista completa de ellos se puede encontrar en la página oficial de PHP:

https://www.php.net/manual/es/mysqli.summary.php

Uno de los más utilizados es el método fetch_array, que lo que hace es devolver una fila de resultados como una matriz numérica o como una matriz asociativa. La sintaxis es:

```
$result -> fetch_array(tipo de resultado)
```

Donde el argumento tipo de resultado es opcional y especifica el tipo de array que dará por resultado. Este puede ser:

- ☞ MYSQLI_NUM: para devolver un array numérico
- ☞ MYSQLI_ASOC: para devolver un array asociativo

Si no hay más filas en el conjunto de resultados, devuelve NULL.

```php
<?php
require_once("DatosConexion.php");
$mysqli = new mysqli($servidor, $usuario,$contraseña,"BaseDat
os");
$sql="SELECT * FROM Cliente ORDER BY $orden";
$result=$mysqli->query($sql);
//result obtiene el array respuesta de la selección
$fila = $result -> fetch_array(MYSQLI_NUM); //array numérico
echo "DNI: ".$fila[0].", Nombre: ".$fila[1]." Apellidos: $fila[2];
$fila = $result -> fetch_array(MYSQLI_ASSOC);
//array asociativo
echo "DNI: ".$fila["DNI"].", Nombre: ".$fila["Nombre"]."
Apellidos: $fila["Apellidos];
$mysqli->close();
?>
```

PHP también admite tener consultas preparadas para su posterior ejecución. Esto es muy útil cuando tenemos que ejecutar la misma sentencia repetidamente. Este proceso consta de dos fases, la preparación y la ejecución.

```php
$sql="INSERT INTO Cliente (DNI, Nombre, Apellidos) VALUES 
(?,?,?);
$sentencia = $mysqli->prepare($sql);
```

Con la preparación, el servidor revisa la sintaxis y prepara los recursos necesarios. Hay que poner los valores que se van a tomar con ?

A continuación hay que verificar las variables, para ello se utiliza la opción bind_param:

```php
$sentencia->bind_param("sss", $DNI, $nombre, $apellidos);
```

El primer argumento de bind_param indica el tipo de datos que utilizará cada una de las variables siguientes:

- i: entero
- d: doble
- s: cadena de caracteres
- b: blob, cadena de caracteres extensa

La siguiente sentencia a seguir será dar valor a los datos a introducir:

```php
$DNI=$_POST["DNI"];
$nombre=$_POST["Nombre"];
$apellidos=$_POST["Apellidos"];
```

Y a continuación ejecutar la consulta mediante el método execute

```php
$sentencia->execute();
```

Si queremos insertar más registros, solo deberemos recogerlos y volver a ejecutar la sentencia execute.

3.6 AUTENTICACIÓN DE LOS USUARIOS

La autenticación de los usuarios es un proceso fundamental en cualquier acceso a una página web y consiste en el método de que un usuario se identifique de forma específica, habitualmente a través de usuario y contraseña, y con esta identificación se le concederá una serie de privilegios y opciones a realizar en la página, que de otra forma no le serán permitidas.

Lo normal cuando trabajamos con un registro de usuario es que rellenemos un formulario de datos de usuario que se guardarán en una base de datos del servidor, las siguientes veces que el usuario acceda a su área, bastará con poner su usuario y contraseña y todos sus datos estarán guardados en el servidor.

Este acceso será un simple formulario con dos campos: Usuario y contraseña, que formará parte de la página principal habitualmente. El código HTML por tanto será:

```
<form id="formlogin" name="formlogin" method="POST"
action="validarUsuario.php">
<input type="text" name="usuario" id="usuario" maxlength="50"
required>
<input type="password" name="password" id="password"
maxlength="10" required>
<input type="submit" name="enviar" value="Enviar">
```

Tal como se ha visto en apartados anteriores, se deberán validar los datos de entrada mediante HTML o JavaScript para que el usuario no pueda enviar opciones incorrectas y luego también validar mediante PHP.

Una vez validado tanto en cliente como en el servidor, se deberá comprobar que el usuario efectivamente se encuentra en la base de datos, si es así, se puede abrir una sesión php para ese usuario.

```php
<?php
require_once("DatosConexion.php");
$mysqli = new mysqli($servidor, $usuario,$contraseña,"BaseDat
os");
$usuario = $_POST["usuario"];
$password = $_POST["password"];
$sql="SELECT idusuario FROM Cliente WHERE usuario=$usuario AND
password=$password";
$result=$mysqli->query($sql);
//result obtiene el array respuesta de la selección
$Numero=$mysqli->mysqli_num_rows($result);
//cantidad de filas de la selección
if ($Numero = 0) {
    echo "Usuario no registrado";
}
Else{
Session_start();
$_SESSION["Autenticado"]=TRUE;
$_SESSION["usuario"]=$usuario;
}
?>
```

PROYECTO

A través del formulario de registro, crear la sesión utilizando la autenticación de usuario.

3.7 SITIOS WEB SEGUROS

Con la autenticación de usuario, nos aseguramos que el mismo esté dado de alta en la base de datos, pero además debemos proporcionarle al mismo un sitio seguro donde sus datos sean confidenciales.

La solución pasa por utilizar un protocolo de comunicación que convierte a la página web en segura (HTTPS: HyperText Transfer Protocol Secure) protegiendo la integridad y confidencialidad de los datos entre los usuarios y el sitio web. Esto se hace con SSL (Secure Sockets Layer – Capa de sockets seguros), que es una manera de encriptación de datos, bien entre cliente-servidor, bien entre servidor-servidor y con él se obtiene un certificado emitido por una entidad identificadora que valida el navegador y asegura la autenticidad de la misma.

En este sistema se utilizan dos claves: Los navegadores, entonces, a través de una clave pública encriptarán los datos, y el servidor utilizará una clave privada para descifrarán los mismos. Cualquier usuario podrá solicitar a un sitio web el cifrado, pero el servidor sólo tendrá la clave privada para su desencriptación.

PHP utiliza un módulo OpenSSL para implementar estos protocolos de encriptación.

XAMPP provee un fichero por lotes denominado **makecert** para crear un nuevo certificado con llaves de encriptación aleatorias. Para ejecutar este archivo debemos utilizar cmd y ejecutar makecert desde el directorio c:\xampp\apache

```
 Símbolo del sistema
Microsoft Windows [Versión 10.0.18362.900]
(c) 2019 Microsoft Corporation. Todos los derechos reservados.

C:\>cd c:\xampp\apache

c:\xampp\apache>makecert_
```

Pide una frase de contraseña para descifrar la clave privada en el servidor:

```
Microsoft Windows [Versión 10.0.18362.900]
(c) 2019 Microsoft Corporation. Todos los derechos reservados.

C:\>cd c:\xampp\apache

c:\xampp\apache>makecert
Generating a RSA private key
.............+++++
...................+++++
writing new private key to 'privkey.pem'
Enter PEM pass phrase:_
```

y volverá a pedir que la verifique:

```
Verifying - Enter PEM pass phrase:
```

A continuación nos aparecerá el siguiente mensaje, diciendo que nos pedirá información adicional para incorporarla al certificado:

```
-----
You are about to be asked to enter information that will be
incorporated into your certificate request.
What you are about to enter is what is called a Distinguished
Name or a DN.
There are quite a few fields but you can leave some blank
For some fields there will be a default value,
If you enter ".", the field will be left blank.
-----
Country Name (2 letter code) [AU]:
```

Y lo primero que nos solicitará son dos letras para el código del país y otros campos, los cuales se pueden elegir lo que se considere más apropiado o dejarlo en blanco hasta llegar a "Common Name", ya que en él se debe colocar el nombre DNS o la dirección IP del sitio web, que debe coincidir con el nombre del servidor.

Para el resto de la información que se solicita se pueden dejar los valores predeterminados pulsando ENTER. También se pedirá la frase contraseña previamente indicada, y a continuación nos dirá que la clave ha sido creada

```
The certificate was provided.
Press any key to continue . . .
```

Si no utilizamos el archivo por lotes, debemos utilizar openssl a través de la misma línea de comandos. Lo primero que tenemos que hacer es establecer dónde se encuentra el archivo de configuración openssl.cnf. En nuestro caso, lo tendremos en c:\xampp\apache\bin

Una vez establecido, mediante el comando openssl genrsa, se creará la clave privada:

```
openssl genrsa claveservidor.key
```

Al igual que en el proceso anterior, pedirá una frase de contraseña.

A continuación se realiza la petición del certificado a través de openssl dando como referencia la claveservidor generada anteriormente y devolviendo el archivo claveservidor.csr

```
Openssl req -new -key claveservidor.key -out claveservidor.csr
```

En este paso es donde nos piden los datos informativos que se pedían también en el archivo por lotes. Recuerda que en Common Name se debe colocar exactamente el nombre DNS o la dirección IP coincidente con el nombre del servidor.

El siguiente paso sería enviar este el certificado csr a una entidad certificadora como puede ser Thawte o GeoTrust, de Symantec o DigiCert que ofrecen certificados de seguridad SSL con cifrado de hasta 2048 bits.

Tal y como podemos leer en el siguiente articulo:

https://webmasters.googleblog.com/2014/08/https-as-ranking-signal.html

las recomendaciones de Google para la instalación de SSL son:

- ☞ Elección entre certificado único, multidominio o wildcare (para subdominios)

- ☞ Certificados con cifrado de hasta 2048 bits

- ☞ Utilizar URL relativas para recursos que residen en dominio seguro y al protocolo para los demás dominios.

- ☞ No bloquear que se rastree utilizando robots

- ☞ Permitir la indexación de las páginas a través de los motores de búsqueda.

Además, Google recomienda el siguiente servicio online para realizar un análisis de la configuración de cualquier servidor con protocolo SSL, al que se accede a través de la página

https://www.ssllabs.com/ssltest/

3.8 EL PROCESO DE COMPRA

El proceso de compra son las fases o etapas por las que pasa un usuario para realizar una compra online.

Este proceso, según Philip Kotler, consta de 5 etapas:

1. **Reconocer la necesidad**: el usuario tiene una necesidad a la que hay que satisfacer. Esta necesidad puede ser real, necesito un móvil nuevo ya que se me ha roto el que tenía, o ficticia, no tengo ropa que ponerme o he visto unos zapatos que necesito tenerlos.

2. **Buscar información**: una vez detectada la necesidad, el usuario comienza a buscar información sobre el producto objeto de deseo. Esta búsqueda se puede realizar a través de la tienda virtual, si es de una marca concreta, buscadores, webs comparadoras, foros y/o blogs.

3. **Evaluar las alternativas**: en este proceso el usuario evalúa las diferentes alternativas que ofrecen las diferentes webs, marcas, etc. Aquí también tendrá influencia la usabilidad de la página, las redes sociales, las opiniones de influencers, etc. Dentro de este proceso, se encuentra la elección del ecommerce por parte del usuario. En esta influye que el sitio web esté bien construido y que sea de fácil navegación.

4. **Decisión de compra**: una vez elegido el ecommerce por el que realizará la compra, irá añadiendo los productos requeridos en el carro de la compra. Una vez completado el pedido, se accede al carro para la comprobación de los productos y de los precios. También aparecerá el importe total del pedido y los gastos de envío si es que no fueran gratuitos. Este carro debe ser modificable por el usuario, pudiendo eliminar o añadir algún producto, así como poder cambiar la cantidad de ese producto a pedir. Una vez confirmado ese pedido, el usuario debe registrarse añadiendo todos los datos personales así como la dirección de envío habitual, si no está dado de alta ya como usuario, con lo que sólo deberá entrar mediante usuario y contraseña. Si no se tienen los detalles del usuario, no se podrá realizar el proceso de

compra. Una vez realizado todo este proceso, se pedirá la forma de pago, que deberá ser seguro y aportar toda la claridad al usuario. Por último bastará con confirmar el pedido.

5. **Comportamiento post-compra**: la satisfacción del cliente en la compra es fundamental para posteriores compras. Los plazos de entrega, los medios de pago ofrecidos, la facilidad en cambio y/o devolución, la atención al usuario son fundamentales. Este proceso es fundamental para generar la fidelización del cliente.

PROYECTO

Para finalizar el proyecto, la etapa fundamental es la de compra del producto. Utilizando HTML, CSS, JavaScript, PHP y MySQL se puede realizar todo lo necesario para crear este proceso.

Durante el curso, hemos creado una página atractiva con los detalles de los productos que tenemos, enlazados a través de una base de datos que deberemos ir actualizando. Esa página de muestra de productos, debe tener un botón comprar que hará que el producto se añada al carrito de la compra. Además deberá tener también una lista desplegable para poder ordenar los productos según elija el usuario.

En el momento que se quiera acceder a realizar la compra, se tiene que autentificar el usuario, mediante el formulario creado también para su registro.

Al autenticar, se utilizará las sesiones para almacenar los productos y una vez que se haya realizado el pedido, se deberá añadir el mismo a la base de datos en el servidor.

El único paso que nos quedaría por realizar sería añadir a nuestro sitio web:

▶ Archivos html y ccs, con el diseño del carrito. Habitualmente, podemos crear una tabla, con una imagen, detalle, etc. y obligatoriamente el botón comprar, debe ser algo similar a:

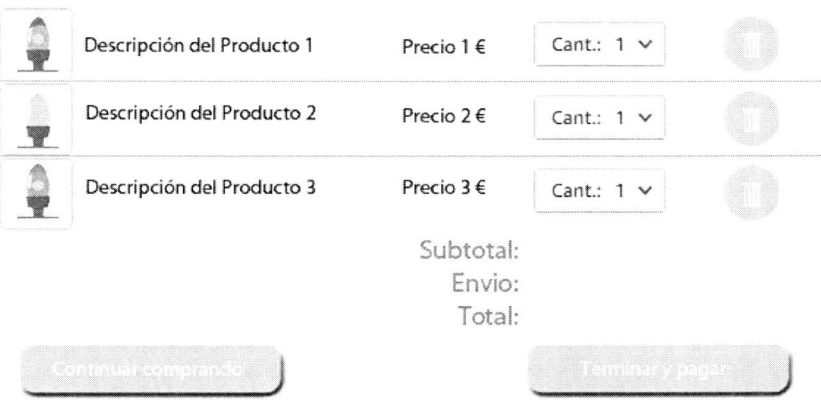

▼ Tendremos una clase carrito, para realizar las operaciones, sin necesidad de tenerlas en una base de datos, ya que sólo será una opción intermedia. Algunos de los métodos que se pueden utilizar serían:

- Devolver el precio final del carrito

- Insertar un nuevo elemento al carrito

- Eliminar elementos del carrito, cuando se pulsa sobre el botón Eliminar

- Aumentar, disminuir las cantidades

Una vez realizado, obtendremos un sitio web para e-commerce completo.

Anexo

PROYECTO

En este anexo daremos instrucciones adicionales para llevar a cabo el proyecto que se indica a lo largo del libro.

Programación de páginas web

Comenzaremos creando un sitio web para la venta de un producto. Se recomienda que no se realice de muchos, sino que se tomen dos o tres productos de ejemplo.

Por ejemplo, puede ser una página de venta de zapatos, ropa o electrodomésticos.

Para este sitio, vamos a crear tres páginas sencillas:

- *Indice*
- *Quienes somos – Contacto*
- *Productos*

Recuerda que la página debe ser sencilla, responsive y se deben agregar enlaces a redes sociales.

Las páginas las desarrollaremos siguiendo la estructura de base html y css. La página principal o index, será similar a la siguiente:

```
<!DOCTYPE html>
<html lang="es">
<head>
    <meta charset="utf-8" />
    <title>Proyecto de e-commerce </title>
    <link rel="stylesheet" href="estilos.css">
</head>
<body>
    <header>
        <a href="../index.htm"><img src="logo.jpg"></a>
      <h1>Mi empresa</h1>
    </header>
    <nav>
       <ul>
         <li><a href="">Quienes somos - Contacto</a></li>
          <li><a href="">Productos</a></li>
       </ul>
    </nav>
    <section>
        <article>
            <h2>Introducción a la empresa</h2>
            <p>En este escrito, haremos una introducción a la
    empresa, haciendo hincapié a lo que nos dedicamos, en el
    ejemplo, tenemos Alfombras baratas y modernas…. </p>
            <div>
                <img src="imagen.jpg">
            </div>
          </article>
      </section>
    <aside>
        <p>Publicidad </p>
        <p>Enlaces a RRSS</p>
      </aside>
      <footer>
          Avisos legales - Copyright - Mapa del sitio
      </footer>
```

```
</body>
</html>
```

Como ejemplo, de página web sencilla y clara:

En el caso de los productos se pondrá en div, cada uno de los productos con un añadir al carro, por ejemplo:

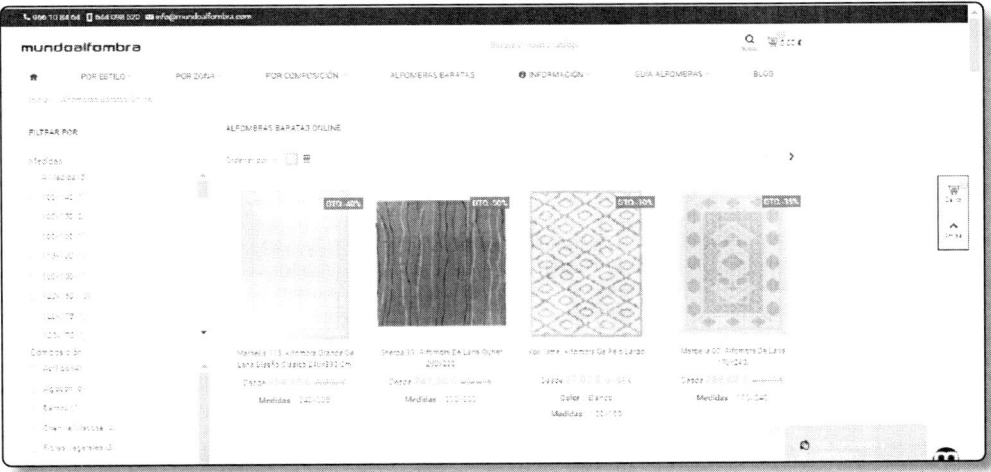

Para nuestro proyecto bastará con poner dos o tres productos de ejemplo.

Hay que tener en cuenta que las tres páginas deben seguir el mismo formato y lo que variará será el contenedor principal, es decir <section>, variando únicamente ese contenido, incluso el <aside> será el mismo como contenido.

No se incluye el css, ya que es extremadamente personal y cada uno deberá dar el color a cada apartado según el diseño que se quiera dar.

Proyecto: crear un archivo script.js

Crear un script en JavaScript que pregunte el nombre del usuario. Si no escribe el nombre dará un mensaje de error. Si no, escribirá Bienvenido y nombre de la persona en la parte superior derecha de la página.

Modificar la página index.htm creada anteriormente.

```
<!DOCTYPE html>
<html lang="es">
  <head>
    <meta charset="utf-8" />
    <title>Proyecto de e-commerce </title>
    <link rel="stylesheet" href="estilos.css">
  </head>
  <body>
  …..
    <section>
    <article>
        <h2>Introducción a la empresa</h2>
        <script type="text/javascript">
        <!--
         var nombre = prompt("¿Cual es tu Nombre?");
          if (nombre == "")
                alert("No ha ingresado nombre");
        else
                document.write("Bienvenido " + nombre);
         //-->
```

```
                </script>
    ….
            </article>
        </section>
    ….
```

PROYECTO

Modificar los archivos del sitio web para crear una sesión de usuario.

Para crear una sesión se debe colocar session_start() antes de la opción html

```
<?php
    session_start();
?>
<!DOCTYPE html>
<html lang="es">
<head>
    <meta charset="utf-8" />
    <title>Proyecto de e-commerce </title>
    <link rel="stylesheet" href="estilos.css">
</head>
<body>
    <?php
    $_SESSION["Nombre"] = "Usuario";
//La variable Nombre tiene el valor Usuario
    ?>
    <section>
      <article>
          <h2>Introducción a la empresa</h2>
    ….
    </body>
</html>
```

PROYECTO

Crear un sistema de tratamiento de errores para impedir que las páginas se bloqueen, sino que den el aviso del error correspondiente.

Para realizar un proceso de compra, el usuario debe ser mayor de edad, por tanto podremos hacer una excepción si esta no se cumple:

```php
<?php
try{
   if($edad<18){
   throw new Exception ("Debe ser mayor de edad, 0);
}
   catch (Exception $e){
   echo "<br>".$e->getMessage();
}
?>
```

PROYECTO

Crearemos una base de datos que tendrá tres tablas:

▼ **Productos**: *con los datos característicos de los mismos.*

▼ **Usuarios**: *con los datos característicos de los mismos.*

▼ **Pedidos**: *será una tabla intermedia entre usuarios y productos, ya que un usuario realizará muchos productos, pero ese pedido (por su número) sólo pertenecerá a un usuario.*

Realizaremos también las relaciones entre ellas.

Crearemos una base de datos con el nombre de la empresa, por ejemplo. A continuación, realizaremos las tablas.

Producto:

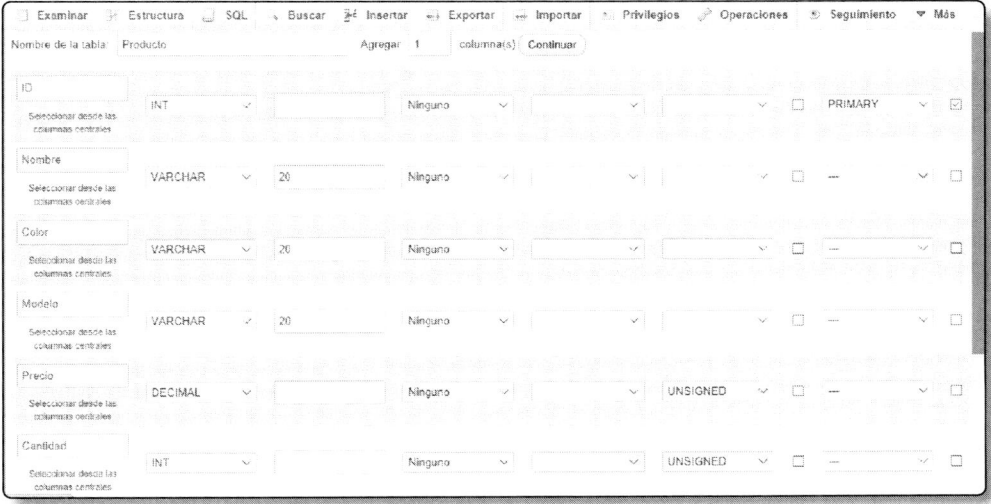

Usuarios

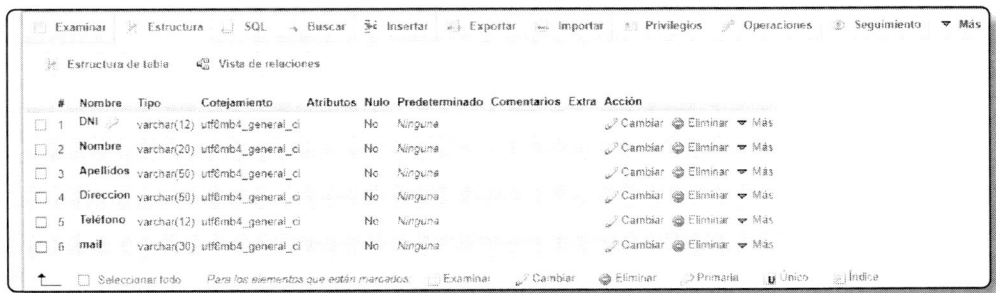

Pedidos

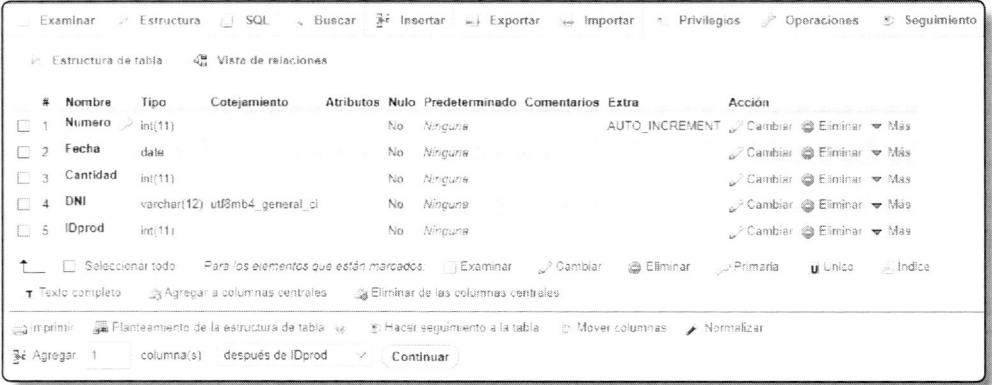

Y se realizan las relaciones:

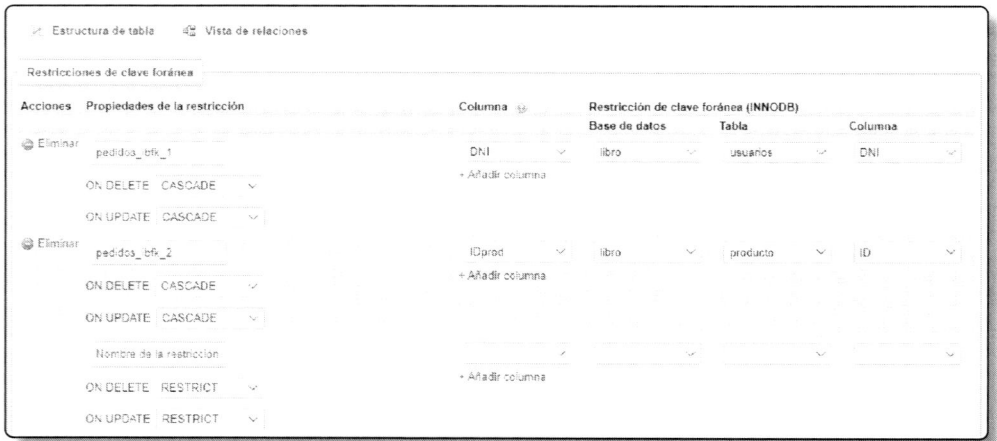

Quedando las siguientes relaciones

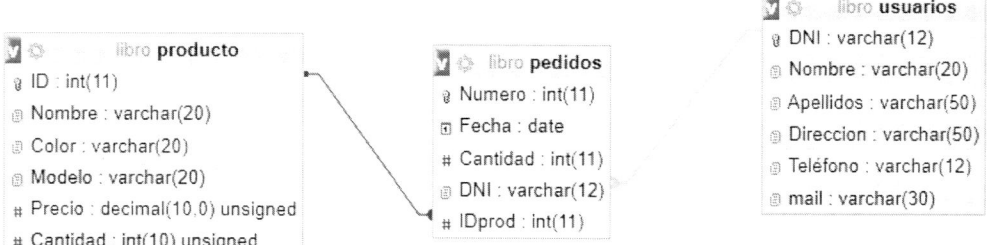

PROYECTO

Crear una consulta que muestre los productos ordenados por precio.

```
SELECT * FROM Productos ORDER BY Precio;
```

PROYECTO

Modificar los archivos php para acceder a la base de datos creada.

Para acceder a la base de datos que acabamos de crear, se puede crear un nuevo archivo php con las opciones de conexión y luego agregar en los archivos el include/require con el fichero correspondiente:

```
<?php
    $server="localhost";
    $user="root";
    $pass="";
    $db="base de datos";
?>

<?php
require_once("DatosConexion.php");
….
$mysqli = new mysqli($servidor, $usuario,$contraseña,"BaseDat
os");
…
$mysqli->close();
?>
```

PROYECTO

A través del formulario de registro, crear la sesión utilizando la autenticación de usuario.

En la tabla Usuarios agregamos los campos usuario y contraseña. A continuación, creamos una página con un pequeño formulario, en donde se pide el usuario y la contraseña. Luego modificaremos el archivo php para comprobar que es correcto y comenzar la sesión con el usuario autentificado:

```php
<?php
require_once("DatosConexion.php");
$mysqli = new mysqli($servidor, $usuario,$contraseña,"BaseDat
os");
$usuario = $_POST["usuario"];
$password = $_POST["password"];
$sql="SELECT DNI FROM Usuarios WHERE usuario=$usuario AND
password=$password";
$result=$mysqli->query($sql);
//result obtiene el array respuesta de la selección
$Numero=$mysqli->mysqli_num_rows($result);
//cantidad de filas de la selección
if ($Numero = 0) {
    echo "Usuario no registrado";
}
Else{
Session_start();
$_SESSION["Autenticado"]=TRUE;
$_SESSION["usuario"]=$usuario;
}
?>
```

PROYECTO

Para finalizar el proyecto, la etapa fundamental es la de compra del producto. Utilizando HTML, CSS, JavaScript, PHP y MySQL se puede realizar todo lo necesario para crear este proceso.

Archivos html y ccs, con el diseño del carrito. Habitualmente, podemos crear una tabla, con una imagen, detalle, etc. y obligatoriamente el botón comprar, debe ser algo similar a:

Esta tabla se irá creando a medida que pulsamos el botón comprar en la página de productos, es decir, pasará al array el precio y el nombre del producto. La cantidad se puede elegir mediante una lista desplegable.

▼ *Tendremos una clase carrito, para realizar las operaciones, sin necesidad de tenerlas en una base de datos, ya que sólo será una opción intermedia. Algunos de los métodos que se pueden utilizar serían:*

 • *Devolver el precio final del carrito.*

   Para calcular el subtotal se debe realizar la operación Productos. precio*Cantidad (en este caso del carrito de la compra) y haciendo un bucle hasta el final del array.

   El envío, lo consideraremos estándar, de 3€.

   El campo Total será el Subtotal + Envío.

- *Insertar un nuevo elemento al carrito*

  Si pulsamos sobre el botón Continuar comprando, se debe volver a la página Productos para seguir eligiendo. Tener en cuenta que como estamos con la sesión abierta, el array se debe seguir manteniendo con los elementos elegidos. Una manera de ir a la página es utilizar la opción location del DOM. Si en lugar de JavaScript, se utiliza en PHP, se realiza escribiendo:

```php
<?php
header("location:productos.php");
?>
```

- *Eliminar elementos del carrito, cuando se pulsa sobre el botón Eliminar*

  Al pulsar sobre la papelera, se debe eliminar el elemento del array, utilizando la opción unset

```php
unset($carrito["id"]);
//se elimina del carrito con el id del producto
```

- *Aumentar, disminuir las cantidades*

  Al modificar la cantidad, se debe recalcular el subtotal y el total.

Una vez realizado, obtendremos un sitio web para e-commerce completo.

SÍGUENOS EN INSTAGRAM Y ACCEDE GRATIS A NUESTRA BIBLIOTECA DIGITAL DURANTE 30 DÍAS.

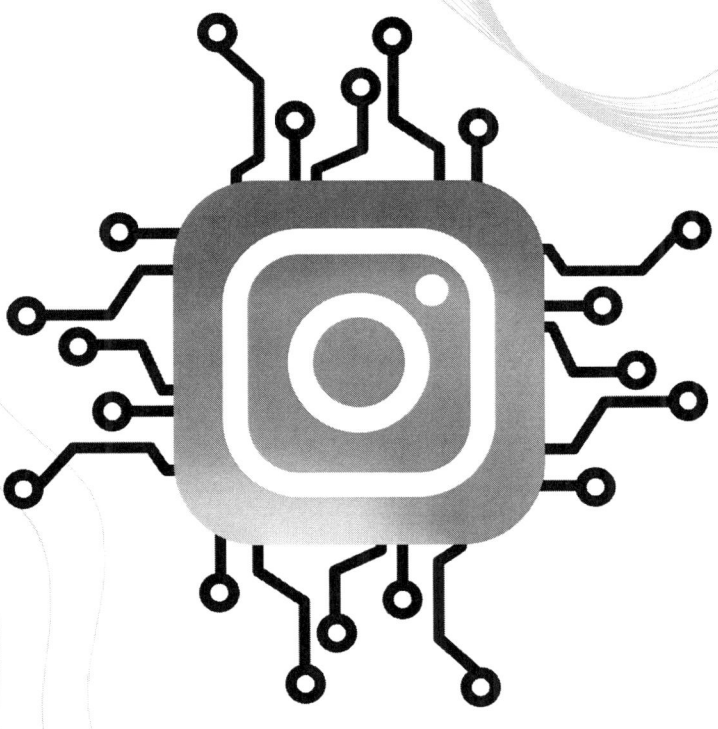

@grupoeditorialrama

¡ENVIANOS TU MAIL POR PRIVADO!

Grupo Editorial
ra-ma

40 ANIVERSARIO